Marcus Gyger Annette Weber

Zermatt for Gourmets

23 Spitzenköche stellen Gourmet-Rezepte mit internationalem Flair vor

23 grands chefs presentent leurs recettes gastronomiques relevees d'une note internationale

23 top chefs present gourmet recipes with an international flair

Inhalt

contents
Table des matières

Sämtliche Zutaten sind für 4 Personen berechnet.
Tous les ingrédients sont calculés pour 4 personnes.
All ingredients are calculated for 4 people.

Impressum/Impressum/Imprint

Verlag & Realisation/ *Edition & réalisation/Layout & Realisation*	Weber AG Verlag CH-3645 Gwatt-Thun www.weberag.ch/shop
Fotos/*Photographie/Photography*	Marcus Gyger, CH-3013 Bern
Übersetzungen/*Traduction/Translation*	Französisch/*Français/French:* Marlène Emery und Nadja Marusic, Zürich Englisch/*Anglais/English:* Jane Fairhurst Glaus, Interlaken
ISBN	3-909532-13-6
Auflage/*Tirage/Circulation*	5000 Exemplare, August 2006

Vorwort

**Zermatt ist chic,
weil es nicht vornehm zu sein braucht.**

38 (achtunddreissig) 4000er soll man, munkeln die Berggeister, vom Kleinmatterhorn aus zählen können. Dabei rechnet ja nur einer: Das «Hore», Ikone des Bergs an sich und Verbündeter von Zermatt. Er sieht nämlich nur von hier so schön aus – von Italien her gesehen ist er ein langweiliger Grat. Die Zermatter sind nun mal Nutzniesser des geologischen Zufalls, Hätschelkind des Klimas mit schneesicherem Sommer und sonnenstrotzendem Winter. Haben diese Leute so viel Glück überhaupt verdient? Egal – solange wir alle daran partizipieren können: Das globale Multikulti-Toleranz-Ratpack aus allen Winkeln der Welt trifft sich hier, im exotischsten Dorf der ganzen Alpenkette und feiert den ultimativen, ganz normalen Wahnsinn.
Wie wenn dies nicht schon genügte, um aus Zermatt die Erlebnis-Metropole der Alpen zu machen, gesellt sich ein gastronomisches Angebot dazu, das weltweit seinesgleichen sucht. Viel dazu beigetragen hat die Konkurrenz der Restaurants im Tal und jene an den Pisten und Wanderwegen. Diesen ist es zu verdanken, dass Zermatt in den 70er Jahren aus dem kulinarischen Dornröschenschlaf erwacht ist: Auf der Direttissima Rothorn-Findelen, Gornergrat-Riffelalp und Kleinmatterhorn-Zum See/Blatten säumt ein Gastroparadies nach dem andern die hervorragend präparierten Pisten oder die Wanderwege inmitten berauschender Blumenwiesenblütenpracht. Hier gibt's ausser Rösti mit Spiegelei und Zwetschgenkuchen eben auch Scampisalat und Hasenschlegel mit Steinpilzen. Und täglich frisch so manch ein Wassergetier, das noch am Vortag im Atlantik schwamm.
Wer abends immer noch oder erst recht Appetit verspürt, verschlägt es ob dem vielfältigen Angebot der unzähligen Etablissements im Dorf unten fast den Gaumen. Darüber berichtet dieses Buch in Wort und Bild so perfekt, dass ich auf Details verzichten kann.
Nur dies noch: Zum Schlummertrunk wagt man sich dann in eine Kellerspelunke, um sehr Hochprozentiges mit dem trügerischen Decknamen «Sinalco» zu kippen. Oder man versinkt in eine luxuriöse Pianobar, in der sanft das Kampflied vom «Comandante Che Guevara» erklingt. Statt eines «Cuba libre» empfiehlt sich allerdings dazu einer der wunderbaren Walliser Weine, von denen die Getränkekarten Zermatts fast überfliessen. Zu recht, denn an dem, was das Wallis in den letzten Jahren hervorgebracht hat, könnten sich einige Weingebiete der Schweiz ein Beispiel nehmen. Fazit: Zermatt ist ein unvergleichliches Gesamtkunstwerk. Nichts für Langweiler und Snobs. Aber alles für unvoreingenommene Geniesser.

Hermann Strittmatter
Gastrokritiker & Werbeberater

Préface

Naturellement chic,
Zermatt se distingue par elle-même

Les alpinistes disent que depuis le Petit Cervin on aperçoit non moins de trente-huit 4000 mètres. Pourtant, un seul compte: le «Horu», comme l'appellent les autochtones, la montagne des montagnes et l'emblème de Zermatt. C'est d'ici que le Cervin apparaît sous son plus beau jour; vu de l'Italie, il n'est qu'une crête banale. Les Zermattois sont les usufruitiers du hasard géologique, les enfants gâtés par un microclimat d'étés enneigés et d'hivers ensoleillés. Mais l'ont-ils vraiment mérité? Peu importe, puisque nous tous pouvons en profiter: les visiteurs venus des quatre coins du monde se retrouvent ici dans ce village exotique au cœur des Alpes pour goûter à une réalité si irréelle et normale à la fois.
Et comme si cela ne suffisait pas à faire de Zermatt un passage obligé dans les Alpes, son attrait gastronomique sans pareil fait de cette surprenante cité alpine un lieu d'exception. La concurrence entre les restaurants de la vallée et les établissements sur les pistes et le long des chemins pédestres n'y est pas pour rien. Elle a, en effet, réveillé la Zermatt gourmande qui, dans les années septante, était encore plongée dans un profond sommeil. Aujourd'hui, au pied du Cervin, les pistes de ski ou les chemins pédestres conduisent à ce paradis gastronomique situé entre la direttissima Rothorn-Findelen, Gornergrat-alpe Riffel et Petit Cervin-Zum See/Blatten. On y trouve aussi bien des röstis accompagnés d'un œuf au plat et des tartes aux pruneaux, que des salades de scampis et des cuisses de lièvre napées de sauce aux bolets. Tout est frais du jour, même les poissons, qui ne mettent guère plus d'un jour à arriver de l'Atlantique au cœur des Alpes. Le soir venu, les fins palais trouveront leur bonheur dans l'un des nombreux établissements qui se partagent les rues de Zermatt et offrent une diversité incomparable que cet ouvrage présente si bien, au moyen de textes et d'illustrations, que tout détail supplémentaire est superflu.
Permettez-moi toutefois une ultime remarque: pour un dernier verre, le visiteur n'hésitera pas à s'aventurer dans une taverne et à commander un breuvage vendu sous le nom de «Sinalco», mais dont la teneur en alcool diverge quelque peu. Ou pourquoi ne pas franchir la porte d'un piano-bar de luxe où passe, en musique de fond, la chanson du «Comandante Che Guevara». Par contre, au lieu de commander un «Cuba libre», le visiteur ne regrettera pas d'avoir opté pour un délicieux vin valaisan, dont regorgent toutes les caves des établissements zermattois. Une promotion des vins du terroir dont nombre de régions viticoles suisses feraient bien de s'inspirer. En résumé: Zermatt est tout simplement unique. Les visiteurs apathiques et les snobs n'ont rien à y faire, contrairement aux authentiques épicuriens.

Hermann Strittmatter
Critique gastronomique & conseiller publicitaire

Preface

Zermatt is chic. In its spectacular mountain setting it doesn't need to be flashy.

It is said that thirty-eight 4000 metre peaks can be seen from the Kleinmatterhorn. All are outshone by the «Horn». The beauty of this mountain icon is a chance of geography and Zermatt's alone. On the Italian side, it only assumes the shape of a boring ridge. Zermatt has a fine climate with snow-free summers, and cold crisp winters. The residents must have done something in the past to deserve their good fortune, and now everybody can participate in it. Zermatt is the most exotic alpine village and attracts globetrotters from all corners of the world to its exhilarating ambience.
On top of all this, Zermatt has world-class gastronomic variety. Much of this comes from the competition between the restaurants on the slopes and those in the valley, which helped awaken Zermatt from its culinary slumber in the '70's. During the day, whilst one is out enjoying the outstandingly groomed ski-slopes or magnificently blooming meadows of the area ranging from the Direttissima Rothorn-Findelen, the Gornergrat-Riffelalp and the Kleinmatterhorn to the See/Blatten, one will find one culinary paradise after another. Here one can sample everything from roesti potatoes with fried egg and plum tart, to scampi salad and wild rabbit drumsticks with boletus mushrooms. Seafood is delivered fresh every day, and only one day after it was swimming in the Atlantic Ocean.
Meanwhile, in the evening, hungry visitors will be amazed by the culinary variety of the many restaurants in the village. This book describes them so perfectly in word and picture that I will refrain from providing any further details save one more thing. For a nightcap, why not visit one of the cellar bars and sample the potent drink with the whimsical name «Sinalco». Or relax in a luxurious piano bar, where perhaps may be playing softly the battle song of Che Guevara. However, instead of a Cuba Libre, we recommend one of the marvelous wines of the Valais. Zermatt wine lists offer a large selection of these, and rightly so. The other wine regions of Switzerland could learn much from this area.
In conclusion, Zermatt is a work of art: incomparable and complete. It is a place for bon vivants and is not for bores and snobs.

Hermann Strittmatter
food critic and advertising consultant.

ZERMATT FOR GOURMETS

Der internationale Gast findet in Zermatt genau die Gegensätze, welche einen Aufenthalt spannend machen: Die Rösti mittags im Bergrestaurant und abends phantasievolle Gerichte, welche jedem Genussmenschen im besten Fall ein Leuchten in die Augen und wohlige Zufriedenheit in die Magengegend zaubern. Beeindruckend ist die Vielfalt des gastronomischen Angebotes in einem einmaligen Berggebiet. Hinter den Kulissen Zermatts arbeiten Profis aus Küche und Service, um den anspruchsvollen und Abwechslung gewohnten Gästen das zu bieten, was ihre Herzen begehren. Da begegnen sich gerne mal einheimisches Lamm und Tintenfisch aus dem Mittelmeer in den Küchen Zermatts. Und damit sind wir beim Stichwort: Auf den folgenden Seiten stellen sich insgesamt 23 Gastronomiebetriebe vor, welche sich das Verwöhnen ihrer Gäste als oberstes Ziel gesetzt haben.

L'hôte international en visite à Zermatt sera surpris par les contrastes qui ponctueront son séjour: à midi, des röstis dans un restaurant d'altitude et, le soir, de gourmandes créations qui savent mettre en émoi les papilles des plus fins palais. La diversité de l'offre gastronomique que propose ce village alpin hors du commun s'avère tout simplement remarquable. Des brigades professionnelles sont aux fourneaux, alors qu'en salle le personnel de service prévenant choie les hôtes même les plus exigeants. Les cuisines de Zermatt sont le creuset de produits locaux et internationaux: on y apprécie aussi bien l'agneau local que le calamar de la Méditerranée. Cet ouvrage présente 23 établissements dont l'ambition n'est autre que de combler leur chère clientèle.

In Zermatt, the international guest can find exactly those contrasts that will make any visit exciting. For example, one can dine on rösti in a mountain restaurant for lunch, and in the evening, on imaginative dishes that will bring a glint to the eye and satisfy the stomach of any bon vivant. The gastronomic variety in this unique mountain village is impressive. Behind the scenes, professionals are hard at work in the kitchens and restaurants to provide even the most discerning guests with their hearts' desire. In Zermatt's kitchens, local lamb is happy to meet squid from the Mediterranean. Which brings us to the objective of this book: on the following pages a total of 23 gastronomic enterprises show us exactly how spoiling their guests has become their top priority.

CERCLE CHEFS DE CUISINE ZERMATT

Der «Cercle Chefs de cuisine Zermatt» – seit 16 Jahren Treffpunkt aller interessierten Küchenchefs, Sous-chefs oder auch Restaurateure Zermatts – ist ein Verein, der Raum für Austausch und Begegnung bietet. Eine freundschaftliche Verbindung die hauptsächlich zum Zweck hat, berufliche Kontakte zwischen initiativen Gastro-Profis regelmässig zu pflegen. Dieser Austausch, und auch ein gesundes und konstruktives Wetteifern, fördern und stärken das hohe Niveau der Gastronomie in Zermatt. Gesellschaftliche Anlässe sind genau so wichtig wie das Fachsimpeln unter Gleichgesinnten. Die Bilder auf dieser Seite entstanden im Februar 2006, als sich die Mitglieder des «Cercle Chefs de cuisine Zermatt» zum alljährlichen Skitag trafen.

Le «Cercle Chefs de cuisine Zermatt» fondé voilà 16 ans est une association qui prône l'échange et la rencontre, elle est ouverte à tous les chefs et seconds de cuisine ou encore les restaurateurs de Zermatt. Son objectif premier vise à établir régulièrement des contacts professionnels et amicaux entre les grands de la gastronomie. Cet échange ainsi qu'un esprit de compétition sain et constructif s'avèrent favorables au maintien d'une gastronomie d'exception à Zermatt. Se retrouver dans le cadre d'activités sociales diverses est tout aussi important que d'échanger idées et petites astuces professionnelles. Les photographies de cette page ont été prises en février 2006 à l'occasion de la sortie à ski annuelle du «Cercle Chefs de cuisine Zermatt».

The «Cercle Chefs de cuisine Zermatt» has, for 16 years, been a meeting point for all Zermatt's interested chefs, sous-chefs and also restaurant proprietors. It is an organisation that offers a forum for meeting and the exchange of ideas. It is a friendly association whose primary goal is to encourage regular professional contact between enterprising gastronomic experts. This exchange, as well as a healthy, constructive competition, promote and strengthen Zermatt's high standard of gastronomy. Social events are just as important as the professional discussion among like-minded individuals. The photographs on this page were taken in February 2006, when the members of the «Cercle Chefs de cuisine Zermatt» met for their annual skiing day.

Cercle Chefs de cuisine Zermatt

Cercle Chefs de cuisine
3920 Zermatt

Hotel Alex

Alex Perren, Christina und René Hürlimann, Direktion (v.r.n.l.)

Frédéric Fischer, Chef de cuisine

Hotel Alex Zermatt

«Meine Küche ist leicht, elegant und mit ansteckender Fröhlichkeit gewürzt. Ich hege und pflege Produkte und Rezepte, die dazu einladen, das Gute und Edle, das Originale und Originelle, das Traditionelle und Moderne unserer Küche zu geniessen. Ich spiele auf der Klaviatur der vier Jahreszeiten und begebe mich in die kulinarischen Gefilde der Angebotspalette aus aller Welt. Unser Kellerfundus ist professionell komponiert und die Spitzengewächse aus international bekannten Rebbergen harmonieren abgestimmt mit unserer Speisekarte. Ich bereichere unsere Kulinaria mit meinen heimatlichen Köstlichkeiten aus dem Elsass».

Hôtel Alex Zermatt

«Ma cuisine est légère, élégante et relevée d'une pointe d'originalité. Je choisis des produits et des recettes qui invitent à savourer nos mets, à la fois, bons et raffinés, originaux et créatifs, traditionnels et modernes. Je cuisine au rythme des saisons et me plonge dans l'univers culinaire en ignorant toutes les frontières géographiques. Notre cave, composée de main de maître, recèle de crus internationaux exceptionnels qui s'accordent parfaitement avec notre carte des mets. Notre cuisine se distingue par une note alsacienne qui fait honneur à mes origines.»

Hotel Alex Zermatt

«My cuisine is light, elegant and seasoned with contagious good cheer. I like to use products and recipes that invite one to enjoy the good and the noble, the original and unique as well as the traditional and modern tastes of our cuisine. I play on the notes of the four seasons and move in culinary regions from around the world. The wines of our cellar have been professionally chosen from internationally renowned vineyards and are coordinated to harmonise with our menu selection. I like to enrich our culinary offerings with the delicacies of my native Alsace.»

«MILLE-FEUILLES» AUS WILDEM STEINBUTT AN WIRSING

ZUTATEN

Steinbutt

16	Wirsingblätter
600 g	Scheiben Steinbutt
5 dl	Fischfond
5 dl	Weisswein (Chardonnay)
1	Schalotte, fein gehackt
1	Knoblauchzehe
1	Lorbeerblatt
	Salz und Pfeffer

Kartoffelpüree

400 g	Kartoffeln
	Trüffel (nach Saison und Geschmack)
	Trüffelöl (nach Belieben)
1 dl	Milch
	Salz und Pfeffer

Saucen

5 dl	Grundfond
40 g	Butter
20 g	Mehl
2 dl	Rahm
	Pfifferlinge
	Salz und Pfeffer
	Safranfäden

Zubereitung Steinbutt

Die Wirsingblätter waschen, in gesalzenem Wasser kochen und abkühlen lassen. Danach mit einer Form gleichgrosse Kreise aus den Blättern ausstechen und in den Kühlschrank stellen. Butter in einer Pfanne erhitzen. Schalotte, Knoblauch, Lorbeerblatt und die Steinbuttscheiben dazugeben, mit Weisswein und Fischfond übergiessen. Während 5 Minuten auf kleiner Flamme köcheln lassen und mit Salz und Pfeffer abschmecken.

Kartoffelpüree

Die Kartoffeln schälen und waschen. Im Salzwasser gar kochen, abschütten und danach pürieren. Milch, gehackten Trüffel (Menge nach Geschmack) und Trüffelöl hinzugeben. Nach Belieben mit Salz und Pfeffer würzen, warm halten.

Saucen

2,5 dl der Flüssigkeit (vom Steinbutt) reduzieren. Mehl mit 20 g Butter vermischen, zusammen mit dem Rahm in den Sud geben. Diese Sauce mit 20 g Butter aufmontieren (schaumig schlagen). Nach Belieben würzen. Die Hälfte der Sauce mit Safranfäden, die andere Hälfte beiseite stellen, beide nach Belieben würzen. Pfifferlinge in zerlassener Butter erhitzen und abschmecken.

Anrichten

Abwechslungsweise ein Wirsingblatt und eine Scheibe Steinbutt aufeinander schichten (3 bis 4 Schichten). Die Pfifferlinge, je 3 kleine Häubchen Kartoffelpüree und die zwei aufgeschäumten Saucen auf dem Teller anrichten.

MILLEFEUILLE DE TURBOT SAUVAGE ET CHOU FRISÉ

INGRÉDIENTS

Turbot

16	feuilles de chou frisé
600 g	de tranches de turbot
5 dl	de fond de poisson
5 dl	de vin blanc (Chardonnay)
1	échalote finement hachée
1	gousse d'ail
1	feuille de laurier
	sel et poivre

Purée de pommes de terre

400 g	de pommes de terre
truffes	selon la saison et les goûts
huile de truffe	selon les goûts
1 dl	de lait
	sel et poivre

Sauces

5 dl	de fond
40 g	de beurre
20 g	de farine
2 dl	de crème
	sel et poivre
	stigmates de safran
	chanterelles

Préparation turbot

Laver le chou frisé et le cuire dans l'eau salée, laisser refroidir. Découper 16 feuilles de chou frisé au moyen d'une forme ronde et placer au réfrigérateur. Chauffer un peu de beurre dans une poêle. Y ajouter l'échalote, la gousse d'ail, la feuille de laurier, les tranches de turbot et arroser de vin blanc et de fond de poisson. Cuire à petit feu durant 5 minutes. Saler et poivrer.

Purée de pommes de terre

Peler les pommes de terre et les laver avant de les cuire dans de l'eau salée. Les égoutter et les passer au presse-purée. Ajouter le lait, la truffe hachée (quantité selon les goûts) et l'huile de truffe. Assaisonner selon les goûts et réserver au chaud.

Sauces

Réduire le liquide de cuisson à 2,5 dl. Mélanger la farine avec 20 g de beurre, ajouter au jus avec la crème. Monter cette sauce avec 20 g de beurre en fouettant jusqu'à obtention d'une mousse. Assaisonner selon les goûts. Réserver la moitié de la sauce et, dans l'autre moitié, ajouter les stigmates de safran. Chauffer le beurre dans une poêle et y faire revenir les chanterelles, assaisonner selon les goûts.

Présentation

Monter le millefeuille dans une assiette en commençant par une feuille de chou frisé, puis une tranche de turbot surmontée, et ainsi de suite (3 à 4 couches). Disposer les chanterelles, 3 cuillérées de purée de pommes de terre et les deux sauces mousseuses sur l'assiette.

«MILLE FEUILLES» OF WILD TURBOT AND SAVOY CABBAGE

INGREDIENTS

Turbot

16	Savoy cabbage leaves
600 g	turbot slices
5 dl	fish stock
5 dl	white wine (Chardonnay)
1	shallot
1	garlic clove
1	bay leaf
	Salt and pepper
	Chanterelles

Potato purée

400 g	potatoes
Truffles	according to season and taste
Truffle oil	as desired
1 dl	milk
	Salt and pepper

Sauce

5 dl	basic stock
40 g	butter
20 g	flour
2 dl	cream
	Salt and pepper
	Saffron strands

Preparation Turbot

Wash the Savoy cabbage and cook in salted water and leave to cool. Press out 16 leaves of cabbage with a ring cutter and place in the refrigerator. Heat the leaves with salt and pepper and a small amount of butter. Place the white wine, shallot, butter, fish stock, garlic clove, bay leaf, and turbot slices in a pan and fry for 5 minutes on low flame.

Potato purée

Peel and wash the potatoes. Cook in salted water and press through a potato sieve. Add the milk, chopped truffle (to taste) and truffle oil. Season as desired and keep warm.

Sauce

Reduce 2.5 dl of the cooked liquid and mix with the cream and flour-butter mixture. Enhance the sauce with 20g butter. Season to taste. Set aside one half of the mixture and add the saffron strands to the other half. Coat the chanterelles in butter and season to taste.

Presentation

Place one cabbage leaf circle on a plate and cover with a slice of turbot. Add another cabbage leaf circle and a slice of turbot and continue until you have 4 layers of cabbage and 3 layers of turbot. Arrange the chanterelles, 3 small spoonfuls of potato purée and the whisked sauces on a plate.

KALBSHAXE MIT KLEINEM GEMÜSE

ZUTATEN

Kalbshaxen

2	kleine Kalbshaxen
	Salz und Pfeffer
	Korianderkörner
4	Lorbeerblätter
4	Knoblauchzehen
50 g	Olivenöl
500 g	Würfel von Karotten, Sellerie, Zwiebeln
30 g	Tomatenkonzentrat
3 dl	Weisswein
1,5 l	Kalbsjus
40 g	Rosmarin

Mini Gemüse

8	Mini-Karotten
8	Weisse Mini-Rüben
8	Mini-Zuchetti
4	Mini-Fenchel
4	Cherry-Tomaten-Confit
12	glacierte Frühlingszwiebeln
5 dl	Kalbsjus

Zubereitung

Kalbshaxen mit kleinen Knoblauchstücken spicken. Mit Salz, Peffer, zerdrückten Korianderkörnern und Lorbeerblättern würzen. Olivenöl darübergiessen und während 24 Stunden marinieren. In einer Sauteuse die Haxen anbraten und beiseite legen. Gemüsewürfel in der gleichen Pfanne anziehen, Tomatenkonzentrat dazugeben und anbraten bis das Gemüse Farbe hat. Mit Weisswein ablöschen. Kalbsjus, Rosmarin und Kalbshaxen beifügen. Aufkochen und gelegentlich abschäumen. Zugedeckt im Ofen bei 130 Grad während 2 Stunden schmoren lassen. Nach dem Kochen die Haxen herausnehmen und die Sauce durch das Spitzsieb passieren. Die Kalbshaxen auf ein Blech legen und im Ofen während ca. 30 Minuten bei 160 Grad mit einem Teil des Jus regelmässig übergiessen. Den Rest des Jus einkochen, abschmecken und in einer Sauciere servieren. Die Mini-Karotten, weisse Rüben, Zuchetti und Fenchel kurz in Wasser blanchieren und in den Kalbsjus legen. Alles mit Salz und Pfeffer abschmecken. Die Kalbshaxe und das Gemüse auf einer Platte anrichten. Dazu Kartoffeln im Förmchen servieren.

JARRET DE VEAU
AVEC SES PETITS LÉGUMES

Préparation

Piquer les jarrets de petits morceaux d'ail. Assaisonner de sel, de poivre, de graines de coriandre écrasées et de feuilles de laurier. Arroser d'huile d'olive et laisser mariner durant 24 heures. Dans une sauteuse, faire revenir à vif les jarrets et les réserver. Déposer les dés de légumes dans la même sauteuse, ajouter le concentré de tomate et faire revenir jusqu'à ce que les légumes se colorent d'une belle teinte. Déglacer au vin blanc. Ajouter le jus de veau, le romarin et les jarrets. Cuire en remuant de temps en temps. Laisser mijoter à couvert au four à 130° durant 2 heures. Une fois cuits, sortir les jarrets et passer la sauce à la passoire fine. Déposer les jarrets sur une plaque et glisser au four à 160° durant 30 minutes environ et arroser régulièrement avec une partie du jus. Porter à ébullition le reste du jus, rectifier l'assaisonnement et verser dans une saucière. Blanchir les mini légumes et les déposer dans le jus. Saler et poivrer. Disposer les jarrets et les légumes sur un plat. Servir avec des pommes de terre séparément.

INGRÉDIENTS

Jarret de veau

2	petits jarrets de veau
	sel et poivre
	grains de coriandre
4	feuilles de laurier
4	gousses d'ail
50 g	d'huile d'olive
500 g	de carottes, céleri et oignons en dés
30 g	de concentré de tomates
3 dl	de vin blanc
1,5 l	de jus de veau
40 g	de romarin

Mini légumes

8	mini carottes
8	mini carottes blanches
8	mini courgettes
4	mini fenouils
4	tomates cerises confites
12	oignons de printemps glacés
5 dl	de jus de veau

INGREDIENTS

Veal shanks

2	small veal shanks
	Salt and pepper
	Coriander seeds
4	bay leaves
4	garlic cloves
50 g	olive oil
500 g	cubed carrots, celery, onions
30 g	tomato concentrate
3 dl	white wine
1.5 l	veal jus
40 g	rosemary

Mini vegetables

8	mini carrots
8	mini turnips
8	mini zucchini
4	mini fennel bulbs
	Confit of 4 cherry tomatoes
12	glazed spring onions
5 dl	veal jus

VEAL SHANKS WITH TINY VEGETABLES

Preparation

Stud the veal shanks with small pieces of garlic. Season with salt and pepper, crushed coriander seeds and bay leaves. Add the olive oil and marinate for 24 hours. Brown the shanks in a frying pan and set aside. Lightly fry the cubed vegetables in the same frying pan, add the tomato confit and fry until everything has a nice colour. Deglaze with white wine. Add the veal jus, rosemary and veal shanks. Bring to a boil and remove any foam. Cover and bake in the oven at 130 degrees for 2 hours. Remove the shanks and pass the sauce through a sieve. Place the veal shanks on a baking tray and bake in the oven at 160 degrees for a further 30 minutes. Baste regularly with a portion of the jus. Reduce the remaining sauce, season and serve in a gravy boat. Briefly blanche the mini carrots, turnips, zucchini and fennel in water and place them in the veal jus. Season everything. Nicely arrange the veal shanks and vegetables on a plate. Serve with small side dishes of potatoes.

GEBRANNTE CREME AN ERDBEERJUS MIT RHABARBERSORBET

ZUTATEN

Gebrannte Creme

2,5 dl	Rahm
0,6 dl	Milch
50 g	Zucker
½	Vanilleschote
5	Eigelb

Erdbeeren

500 g	Erdbeeren
100 g	Zucker
2 dl	Wasser
20 g	Basilikumblätter
10 g	weisse Pfefferkörner
½	Vanilleschote
2 El	Balsamico Essig

Rhabarbersorbet

250 g	Rhabarber
0,2 dl	Weisswein
50 g	Zucker

Zubereitung Gebrannte Creme
Milch, Rahm und Vanilleschote in einer Pfanne aufkochen. Eigelb und Zucker in einer Schüssel zusammen leicht schaumig schlagen. Dann langsam die kochende Milch beifügen. Durch ein feines Sieb passieren und in 4 kleine Töpfchen füllen. Im Wasserbad im Ofen bei 160 Grad während 35 Minuten garen.

Erdbeeren
Alle Zutaten verrühren und in einer Schüssel im Wasserbad während 2 Stunden langsam aufkochen. Durchs Tuch passieren.

Rhabarbersorbet
Rhabarber schälen und klein schneiden. Weisswein und Zucker aufkochen. Rhabarber in eine Schüssel geben, Zucker und Weisswein dazu, mit Alufolie abdecken und im Ofen weich garen. Mixen und abpassieren. In Pacojet-Becher füllen. 12 Stunden einfrieren und dann im Pacojet aufschlagen oder in der Sorbetière aufmontieren.

Creme-Förmchen stürzen, mit Rohrzucker bestäuben und diesen mit einem kleinen Brenner karamellisieren. Creme in einen tiefen Teller legen, wenig Erdbeerjus beifügen und mit einer Kugel Rhabarbersorbet garnieren. Als Garniture können ein paar Erdbeerwürfel beigefügt werden.

CRÈME BRÛLÉE AU JUS DE FRAISES ET SORBET RHUBARBE

Préparation Crème Brûlée
Porter à ébullition le lait, la crème et la gousse de vanille dans une casserole. Battre en mousse les jaunes d'œufs et le sucre dans une jatte. Ajouter lentement le lait bouillant. Passer dans une passoire fine et verser dans 4 petits moules. Cuire au four à 160° durant 35 minutes au bain-marie.

Fraises
Mélanger tous les ingrédients dans une jatte et faire cuire lentement au bain-marie durant 2 heures. Passer à travers un linge.

Sorbet à la rhubarbe
Peler la rhubarbe et la couper en petits morceaux. Porter à ébullition le vin blanc et le sucre. Mettre la rhubarbe dans une jatte, y ajouter le sucre et le vin blanc, recouvrir d'une feuille d'aluminium et glisser au four à basse température jusqu'à tendreté. Mixer, puis passer. Verser dans le bol Pacojet, mettre au congélateur durant 12 heures, puis émulsionner dans le Pacojet ou monter dans la sorbetière.

Renverser chaque moule de crème dans une assiette creuse, saupoudrer la crème de sucre de canne et caraméliser au moyen d'un petit chalumeau. Verser un peu de jus de fraises autour de la crème et décorer d'une boule de sorbet rhubarbe et de quelques tranches de fraise.

INGRÉDIENTS

Crème Brûlée

2,5 dl	de crème
0,6 dl	de lait
50 g	de sucre
½	gousse de vanille
5	jaunes d'œufs

Fraises

500 g	de fraises
100 g	de sucre
2 dl	d'eau
20 g	de feuilles de basilic
10 g	de grains de poivre blanc
½	gousse de vanille
2 c.s.	de vinaigre balsamique

Sorbet rhubarbe

250 g	de rhubarbe
0,2 dl	de vin blanc
50 g	de sucre

CRÈME BRULÉE WITH STRAWBERRY JUS AND RHUBARB SORBET

Strawberries
Mix together all ingredients in a dish and slowly boil over a water bath for 2 hours. Pass the mixture through a cloth.

Rhubarb sorbet
Peel and finely cut the rhubarb. Boil up the white wine and sugar. Place the rhubarb in a dish, add the sugar and white wine mixture. Cover with aluminium foil and bake in the oven until soft. Blend and pass through a sieve. Freeze for 12 hours. Place in Pacojet cups and whip in the Pacojet or sorbet machine.

Turn out the custards, dust with cane sugar, and caramelize the sugar with a small torch. Place into a deep dish, add a small amount of the strawberry jus, and decorate with a ball of the rhubarb sorbet. Sliced strawberries may be used as a garnish.

Preparation Crème Brulée
Place the milk, cream and vanilla bean in a saucepan and bring to a boil. In a bowl, beat the egg yolk and sugar together until lightly foamy. Slowly add the boiling milk. Pour through a fine sieve into 4 small pots. Bake in a water bath in the oven for 35 minutes at 160 degrees.

INGREDIENTS

Crème Brulée

2,5 dl	cream
0,6 dl	milk
50 g	sugar
½	vanilla bean
5	egg yolks

Strawberries

500 g	strawberries
100 g	sugar
2 dl	water
20 g	basil leaves
10 g	white pepper corns
½	vanilla bean
2 tsp	balsamic vinegar

Rhubarb sorbet

250 g	rhubarb
0,2 dl	white wine
50 g	sugar

Hotel Alpenblick

Pierre-André und Ingrid Pannatier-Schaller, Direktion

Franz Plaschko, Chef de cuisine

Hotel Alpenblick – 100 Jahre Gastfreundschaft liegt in unserer Natur

«Mein Heim ist mein Schloss – mein Reich meine Küche, in der ich versuche, den internationalen Gästen das bestimmte Flair meiner traditionellen Gerichte zu präsentieren.»

Hôtel Alpenblick – L'hospitalité indéfectible si fortement ancrée dans notre nature

«Ma cuisine est mon royaume! Je m'efforce d'y composer des menus traditionnels avec une petite note particulière qui plaisent à nos hôtes internationaux.»

Hotel Alpenblick – celebrating 100 years of hospitality.

«My home is my castle, but my kitchen is my kingdom. Here I endeavour to show international guests my talent for preparing traditional dishes.»

ZANDERFILET AUF KÜRBISSCHAUM

ZUTATEN

4	Zanderfilets mit Haut
etwas	Meersalz
	Pfeffer
	Zitronensaft
	Olivenöl

Kürbisschaum

500 g	Kürbis
100 g	Schalotten
2 dl	Weisswein
1 dl	Bouillon
1 dl	Orangensaft
	Olivenöl
	Kürbiskerne
	Kürbiskernöl
	Dillkraut

Zubereitung

Die Zanderfilets schräg halbieren, mit Meersalz, Pfeffer und Zitronensaft würzen. Olivenöl erhitzen und Filets goldgelb braten. Den entkernten Kürbis in kleine Würfel schneiden, in Olivenöl und Schalotten kurz andünsten, mit Salz und Pfeffer etwas würzen. Mit Weisswein, Bouillon und Orangensaft ablöschen und 10 Minuten kochen lassen. Die Hälfte pürieren und mit der verbliebenen Hälfte vermischen. Den Kürbisschaum in der Mitte des Tellers anrichten, das Zanderfilet darauf legen und mit Kürbiskernen, Kürbiskernöl und Dillkraut dekorieren.

LE FILET DE SANDRE SUR SON LIT DE COURGES

INGRÉDIENTS

4	filets de sandre avec la peau
	un peu de sel marin
	poivre
	jus de citron
	huile d'olive

Lit de courges

500 g	de courge
100 g	d'échalote
2 dl	de vin blanc
1 dl	de bouillon
1 dl	de jus d'orange
	huile d'olive
	graines de courge
	huile de pépin de courge
	aneth

Préparation

Couper les filets de sandre par la moitié en biseau, puis les assaisonner de sel marin, de poivre et de jus de citron. Chauffer l'huile d'olive et faire dorer les filets. Couper la courge épépinée en petits dés, faire revenir brièvement l'échalote dans l'huile d'olive, saler et poivrer légèrement. Déglacer au vin blanc, au bouillon et au jus d'orange, puis laisser cuire 10 minutes. Réduire la moitié en purée et mélanger à l'autre moitié. Dresser cette préparation de courge au milieu de l'assiette, y déposer le filet de sandre, puis décorer de graines de courge, d'huile de pépin de courge et d'aneth.

ZANDER FILLET ON PUMPKIN FOAM

INGREDIENTS

4	zander fillets with skin
	Small amount of sea salt
	Pepper
	Lemon juice
	Olive oil

Pumpkin Foam

500 g	pumpkin
100 g	shallots
2 dl	white wine
1 dl	bouillon
1 dl	orange juice
	Olive oil
	Pumpkin seeds
	Pumpkin oil
	Dill

Preparation

Diagonally halve the zander fillets and season with pepper and lemon juice. Heat the olive oil and fry the fillets until golden brown. De-seed the pumpkin and cut into small cubes. Gently fry the pumpkin cubes with the shallots in olive oil. Season with salt and pepper. Deglaze with the white wine, bouillon and orange juice. Simmer for 10 minutes. Purée half of the mixture and mix into the other half. Arrange one zander fillet in the middle of a plate over the pumpkin foam and decorate with pumpkin seeds, pumpkin seed oil and dill.

WALLISER SCHNITZEL
MIT FRISCHEM GEMÜSE

ZUTATEN

4	Kalbsschnitzel zu je 120 g
	Pfeffersalz
	Basilikum
4 Scheiben	Rohschinken
8 Scheiben	Walliser Käse
4	Tomaten
50 g	Schalotten
	Olivenöl
1 Tl	Tomatenpüree
1	Knoblauchzehe
	Salz und Pfeffer
	Basilikum
1 dl	Rotwein

Zubereitung
Tomaten in Wasser aufkochen und im kalten Wasser abkühlen, schälen, halbieren, entkernen und in Würfel schneiden. Olivenöl und Schalotten mit Tomatenpüree andünsten und mit Rotwein ablöschen. Tomaten hinzufügen, mit Salz, Pfeffer, Knoblauch und Basilikum vollenden. Während ca. 10 Minuten kochen lassen.

Kalbsschnitzel würzen und kurz anbraten. Mit Rohschinken und Tomatencoulis belegen. 1 Blatt Basilikum und 2 Scheiben Walliser Käse dazulegen, dann kurz überbacken. Dazu verschiedene Gemüse der Jahreszeit servieren.

L'ESCALOPE VALAISANNE ET SON FESTIVAL DE LÉGUMES FRAIS

INGRÉDIENTS

4	escalopes de veau de 120 g
	sel et poivre
	basilic
4 tranches	de jambon cru
8 tranches	de fromage du Valais
4	tomates
50 g	d'échalote
	huile d'olive
1 c.c.	de purée de tomates
1	gousse d'ail
	sel et poivre
	basilic
1 dl	de vin rouge

Préparation

Cuire les tomates dans l'eau et les plonger dans l'eau froide avant de les peler, couper en deux, épépiner et couper en dés. Faire revenir l'échalote dans l'huile d'olive avec la purée de tomates, puis déglacer au vin rouge. Ajouter les tomates, saler, poivrer et relever avec de l'ail et du basilic. Laisser cuire une dizaine de minutes.

Assaisonner les escalopes et les griller brièvement. Les recouvrir de jambon cru et de coulis de tomates. Ajouter 1 feuille de basilic et 2 tranches de fromage du Valais, et gratiner brièvement. Accompagner de légumes de saison.

VALAIS SCHNITZEL
WITH FRESH VEGETABLES

INGREDIENTS

4	veal escallops of 120 g each
	Salt and pepper
	Basil
4 slices	raw smoked ham
8 slices	cheese from the Canton of Valais
4	tomatoes
50 g	shallots
	Olive oil
1 tsp	tomato purée
1	garlic clove
	Salt and pepper
	Basil
1 dl	red wine

Preparation

Boil the tomatoes in water and plunge into cold water. Peel, halve, deseed and cube. Fry the shallots with the tomato purée in olive oil. Deglaze with red wine. Add the tomatoes, salt, pepper, garlic and basil. Simmer for approximately 10 minutes. Season the veal escallops and quickly sauté in the frying pan. Dress with the raw ham and tomato sauce. Cover with 1 basil leaf and 1 slice of cheese and bake in the oven. Serve with seasonal vegetables.

GRATINIERTE BEEREN

ZUTATEN

100 g	Himbeeren
100 g	Heidelbeeren
100 g	Brombeeren
100 g	Erdbeeren

Vanillesauce

4 dl	Milch
30 g	Zucker
10 g	Vanillezucker
1	kleine Vanilleschote
40 g	Cremepulver
2	Eigelb
1 dl	Schlagrahm
4	Kugeln Vanilleeis

Zubereitung

Frische Beeren vermischen und auf einem Suppenteller anrichten.

3 dl Milch mit dem Zucker und der Vanilleschote aufkochen. Die restliche Milch mit Cremepulver verrühren, 3 Minuten kochen und eine halbe Stunde abkühlen lassen. Dann Eigelb und Schlagrahm darunterziehen, auf die Beeren verteilen und bei 200 Grad Oberhitze kurz überbacken. Mit dem Vanilleeis und einem Pfefferminzblatt garnieren.

LE GRATIN DE BAIES

INGRÉDIENTS

100 g	*de framboises*
100 g	*de myrtilles*
100 g	*de mûres*
100 g	*de fraises*

Sauce vanille

4 dl	*de lait*
30 g	*de sucre*
10 g	*de sucre vanillé*
1	*gousse de vanille (petite)*
40 g	*de crème en poudre*
2	*jaunes d'œufs*
1 dl	*de crème fouettée*
4	*boules de glace vanille*

Préparation

Mélanger les baies fraîches et les disposer dans une assiette creuse.

Porter à ébullition 3 dl de lait avec le sucre et la gousse de vanille. Mélanger le reste du lait avec la crème en poudre, cuire durant 3 minutes et laisser refroidir une demi-heure. Ajouter ensuite les jaunes d'œufs et la crème fouettée. Napper les baies de cette crème et faire gratiner brièvement au four à 200° (chaleur supérieure). Décorer d'une boule de glace vanille et d'une feuille de menthe.

GRATINATED BERRIES

INGREDIENTS

100 g	*raspberries*
100 g	*blueberries*
100 g	*blackberries*
100 g	*strawberries*

Vanilla Sauce

4 dl	*milk*
30 g	*sugar*
10 g	*vanilla sugar*
1	*small vanilla bean*
40 g	*custard powder*
2	*egg yolks*
1 dl	*whipping cream*
4	*scoops vanilla ice cream*

Preparation

Mix the fresh berries and arrange in a soup plate. Boil 3 dl of milk with the sugar and the vanilla bean. Mix the remaining milk with the custard powder and combine. Simmer for 3 minutes and allow to cool for half an hour. Stir in the egg yolk and whipping cream. Pour over the berries and gratinate in the oven at 200 degrees. Garnish with the vanilla ice cream and a peppermint leaf.

Restaurant Avena

Markus Gohl und Familie,
Gastgeber und Chef de cuisine

Restaurant Avena

«Geniessen in rustikaler, ungezwungener Atmosphäre ist unser Motto.
Die Avena-Küche ist eine gutbürgerliche und frische Küche mit regionalen und saisonalen Produkten. In meiner Küche halte ich drei Maximen hoch: Frische und Qualität der Produkte, à la minute-Zubereitung und die Ästhetik der Präsentation. Für mich persönlich gilt: Meine Entwicklung als Koch ist noch keineswegs abgeschlossen, ich bin noch heute ein Commis!»

Restaurant Avena

*«Savourer un bon repas dans un décor rustique et une atmosphère détendue, telle est notre devise.
L'Avena mise sur une cuisine traditionnelle et fraîche à base de produits régionaux et de saison. Dans ma cuisine, nous appliquons trois maximes: fraîcheur et qualité des produits, préparation à la minute et présentation impeccable. Personnellement, je pense que dans la cuisine comme dans la vie en général, on n'a jamais fini d'apprendre, et je me considère donc aujourd'hui encore comme un commis de cuisine!»*

Restaurant Avena

*«Our motto is enjoyment in a rustic, relaxed atmosphere.
The Avena's cuisine is a treasure. It is a hearty cuisine and a fresh cuisine that uses regional and seasonal products. There are three maxims in my kitchen: firstly the freshness and quality of the products; secondly the up to the minute preparation; and thirdly an attractive presentation. Even today my development as a cook is by no means finished. I'm still learning!»*

WALDPILZE-SALAT MIT SOMMERTRÜFFEL UND JULIENNES VOM WALLISER HIRSCH-TROCKENFLEISCH

ZUTATEN

12 Blätter	Eisbergsalat
60 g	Pfifferlinge
60 g	Steinpilze
60 g	Champignons
	Sommertrüffel
40 g	sonnengetrocknete Tomaten
8 Scheiben	Hirsch-Trockenfleisch
	Kapernäpfel
2 El	Aceto Bianco
4 El	Olivenöl extra vergine
1 El	Olio di Tartuffo
	Fleur de Sel und Pfeffer aus der Mühle
2 El	Schnittlauch, geschnitten
60 g	Parmesan gehobelt

Zubereitung

8 Eisbergsalatblätter ablösen und waschen. 4 Blätter beiseite legen, die restlichen in Juliennes schneiden. Tomaten und Trockenfleisch ebenfalls in Juliennes schneiden. Pfifferlinge, Steinpilze und Champignons in Scheiben schneiden, Trüffel fein hobeln. In eine Schüssel geben, je die Hälfte der Tomaten, des Schnittlauchs und des Parmesans dazugeben, Aceto Bianco, Olivenöl und Trüffelöl untermischen, mit Fleur de Sel und Pfeffer würzen.
Auf den oberen Teil des Tellers Eisberg-Juliennes legen, das ganze Blatt schräg dazustellen. Mit Pilzsalat füllen und mit den restlichen Tomaten, Schnittlauch, Parmesan, Kapern und Trockenfleischjuliennes dekorieren.

CHAMPIGNONS DES BOIS SUR LIT DE SALADE AVEC TRUFFES D'ÉTÉ ET JULIENNE DE VIANDE SÉCHÉE DE CERF VALAISANNE

INGRÉDIENTS

12	feuilles de salade Iceberg
60 g	de chanterelles
60 g	de cèpes
60 g	de champignons de Paris
	truffes d'été
40 g	de tomates séchées
8	tranches de viande séchée de cerf
	grosses câpres
2 c.s.	de vinaigre blanc
4 c.s.	d'huile d'olive extra vierge
1 c.s.	d'huile de truffe
	fleur de sel et poivre du moulin
2 c.s.	de ciboulette coupée
60 g	de copeaux de parmesan

Préparation

Détacher 12 feuilles de salade Iceberg et les laver. Réserver 4 feuilles, tailler le reste en julienne, tout comme les tomates et la viande séchée. Emincer les chanterelles, les cèpes et les champignons de Paris et couper la truffe en fins copeaux. Mettre le tout dans une jatte, ajouter la moitié des tomates, de la ciboulette et du parmesan; arroser de vinaigre blanc, d'huile d'olive et d'huile de truffe, assaisonner de fleur de sel et de poivre. Disposer la julienne d'Iceberg sur le haut de l'assiette, puis dresser la feuille entière par-dessus en travers. Dresser la salade de champignons au milieu de l'assiette et décorer avec le reste des tomates, de la ciboulette et du parmesan, les câpres et la julienne de viande séchée.

FOREST MUSHROOMS SERVED ON A BED OF LETTUCE WITH SUMMER TRUFFLES AND JULIENNES OF AIR DRIED VALAIS VENISON

INGREDIENTS

12	iceberg lettuce leaves
60 g	chanterelles
60 g	boletus mushrooms
60 g	white mushrooms
	Summer truffles
40 g	sun-dried tomatoes
8 slices	air-dried venison from Valais
	Capers
2 tbsp	balsamic vinegar
4 tbsp	extra virgin olive oil
1 tbsp	truffle oil
	Fleur de Sel sea salt
	Freshly ground pepper
2 tbsp	chopped chives
60 g	shaved Parmesan cheese

Preparation

Separate and wash the salad leaves. Set 4 leaves aside and slice the remaining leaves into juliennes along with the tomatoes and the air-dried venison. Cut the chanterelles, boletus mushrooms and white mushrooms into disks; finely shave the truffles with a kitchen plane and add to the mushrooms in a bowl. Add half of the tomatoes, the chives and Parmesan cheese. Mix in the vinegar, olive oil and truffle oil. Season with Fleur de Sel and pepper. Place the iceberg juliennes on a plate and arrange a whole lettuce leaf diagonally over the top. Fill with the mushroom salad and decorate with the remaining tomatoes, chives, Parmesan cheese, capers and dried meat juliennes.

FRISCHLINGS-RÜCKENFILET
AN HAGEBUTTEN-PFEFFERRAHM, MARRONICRÈPES UND HASELNUSS-SPÄTZLI

ZUTATEN

Fleisch

500 g	Frischlings-Rückenfilet
20 g	Bratfett
1 Tl	Schalotten, gehackt
2 cl	Gin
2 cl	Cognac
1 El	Hagebutten-Gelée
3 dl	Rahm
30 g	grüner Pfeffer (TK oder Dose)
50 g	frische Preiselbeeren in Butter kurz sautiert
	Fleur de Sel und Pfeffer aus der Mühle

Rotkraut

400 g	Rotkraut
1	Zwiebel
2 El	Preiselbeeren
1 El	Reis (Arborio)
1 El	Senf
	Lorbeerblatt
3 dl	Rotwein
3 dl	Bouillon
	Salz und Pfeffer aus der Mühle

Marronicrèpes

1	Ei
30 g	Marronimehl
30 g	Mehl
ca. ½ dl	Milch
	Salz und Pfeffer

Zubereitung Fleisch

Frischlings-Rückenfilet mit Pfeffer würzen und im heissen Bratfett ca. 30 Sekunden anbraten, salzen. Auf einem Teller bei 80 Grad im Ofen warm stellen. Schalotten andünsten, mit Gin und Gognac ablöschen, Rahm und Hagebuttengelée beigeben. Ca. 5 Minuten leicht köcheln, Pfeffer beigeben, mit Salz und Pfeffer abschmecken.

Rotkraut

Rotkraut und Zwiebel in feine Scheiben schneiden. Zusammen mit den restlichen Zutaten in die Pfanne geben und ca. 1½ Stunden lang köcheln, nach Bedarf etwas Wasser nachgeben, mit Salz und Pfeffer abschmecken. Das Rotkraut sollte zum Füllen keine Flüssigkeit mehr haben.

Marronicrèpes

Ei, die Hälfte der Milch, Salz und Pfeffer in eine Schüssel geben und schaumig rühren. Mehl und Marronimehl im Sturz beigeben, zu einem glatten Teig verrrühren. Nach und nach restliche Milch beifügen bis die Masse dickflüssig ist. In einer Teflonpfanne mit Butter zwei Crèpes ausbacken. Das warme Rotkraut in die Crèpes füllen, einrollen und zugedeckt im vorgeheizten Ofen warm stellen.

FILET DE MARCASSIN À LA SAUCE AU POIVRE ET AU CYNORHODON, CRÊPES DE CHÂTAIGNE AU CHOU ROUGE ET SPÄTZLI AUX NOISETTES

INGRÉDIENTS

Viande

500 g	de filet de marcassin
20 g	de graisse à rôtir
1 c. c.	d'échalote hachée
2 cl	de gin
2 cl	de cognac
1 c.s.	de gelée de cynorhodons
3 dl	de crème
30 g	de poivre vert
50 g	d'airelles fraîches brièvement sautées au beurre
	fleur de sel et poivre du moulin

Chou rouge

400 g	de chou rouge
1	oignon
2 c.s.	d'airelles
1 c.s.	de riz (Arborio)
1 c.s.	de moutarde
1	feuille de laurier
3 dl	de vin rouge
3 dl	de bouillon
	sel et poivre du moulin

Crêpes de châtaigne

1	œuf
30 g	de farine de châtaigne
30 g	de farine
env. ½ dl	de lait
	sel et poivre

Préparation viande

Assaisonner de poivre les filets de marcassin et saisir dans la graisse à rôtir durant 30 secondes, saler. Réserver au chaud sur une assiette au four à 80°. Faire suer l'échalote, déglacer au gin et au cognac, ajouter la crème et la gelée de cynorhodons. Faire mijoter 5 minutes environ, poivrer, puis rectifier l'assaisonnement avec du sel et du poivre.

Chou rouge

Emincer le chou rouge et l'oignon. Mélanger aux autres ingrédients, verser dans une casserole et laisser mijoter environ 1 ½ heure, si nécessaire ajouter de l'eau, saler et poivrer. La farce au chou rouge ne doit plus contenir de liquide.

Crêpes de châtaigne

Mettre l'œuf et la moitié du lait dans une jatte, saler et poivrer, puis battre en mousse. Verser les deux farines en pluie, et mélanger délicatement jusqu'à obtention d'une pâte lisse. Ajouter peu à peu le lait jusqu'à ce que l'appareil fasse le ruban. Mettre du beurre dans une poêle en téflon et faire deux crêpes. Farcir les crêpes de chou rouge, les rouler et les garder au chaud dans le four préchauffé.

SADDLE FILET OF BABY WILD BOAR IN ROSEHIP PEPPER CREAM WITH RED CABBAGE CHESTNUT CRÊPES AND HAZELNUT DUMPLINGS

INGREDIENTS

Meat

500 g	saddle filet of baby wild boar
20 g	roasting fat
1 tsp	chopped shallots,
2 cl	gin
2 cl	cognac
1 tbsp	rosehip jelly
3 dl	cream
30 g	green peppercorns (dried or from a jar)
50 g	fresh cranberries briefly sautéed in butter
	Fleur de Sel sea salt
	Freshly ground pepper

Red Cabbage

400 g	red cabbage
1	onion
2 tbsp	cranberries
1 tbsp	rice (Arborio)
1 tbsp	mustard
	Bay leaf
3 dl	red wine
3 dl	bouillon
	Salt and freshly ground pepper

Chestnut Crêpes

1	egg
30 g	chestnut flour
30 g	flour
Approx. ½ dl	milk
	Salt and pepper

Preparation Meat

Season the saddle filet with pepper and fry in the hot roasting fat for approximately 30 seconds. Season with salt, place on a plate and keep warm in the oven at 80 degrees. Gently fry the chopped shallot and deglaze with the gin and cognac. Add the cream and rosehip jelly. Lightly simmer for approximately 5 minutes. Mix in the peppercorns and season with salt and pepper.

Red Cabbage

Finely slice the red cabbage and onion. Place all ingredients in a saucepan and simmer on low heat for approximately 1 ½ hours or as desired. Add a small amount of water and season with salt and pepper. Monitor the consistency, as the red cabbage for the crêpe filling should not have any excess liquid.

Chestnut Crêpes

In a bowl, whisk together the egg, half of the milk and the salt and pepper until foamy. Add the two flours and stir until smooth. Gradually pour in the remaining milk until a thick batter forms. In a buttered Teflon pan, make two crêpes. Fill with the warm red cabbage, cover and keep warm in a preheated oven.

WALDHONIGPARFAIT MIT HOLUNDER–KOMPOTT

ZUTATEN

Parfait

1	Eigelb
50 g	Rohrzucker
2 El	Waldhonig
2 cl	Vieille Prune
	Eiweiss
20 g	Zucker
2 dl	Vollrahm

Kompott

200 g	Holunderbeeren
2 El	Zucker
1 El	Wasser
1 El	Maraschino
1 El	Vieille Prune

Zubereitung

Eigelb, Rohrzucker, Honig und Vieille Prune in einer Schüssel im Wasserbad warm aufschlagen. Die Masse im kalten Wasserbad kühlen. Eiweiss mit 1 Prise Salz steif schlagen, den Zucker nach und nach beigeben. Rahm schlagen, unter die abgekühlte Masse geben und den Eischnee zum Schluss vorsichtig untermelieren. In gebutterte, mit Klarsichtfolie ausgelegte Terrinenform geben und mindestens 3 Stunden tiefkühlen. Alle Zutaten für den Kompott in einer Pfanne während ca. 5 Minuten bei kleiner Hitze köcheln.

PARFAIT AU MIEL DE FORÊT
AVEC SA COMPOTE DE SUREAU

INGRÉDIENTS

Parfait

1	jaune d'œuf
50 g	de sucre de canne
2 c.s.	de miel de forêt
2 cl	de vieille prune
1	blanc d'œuf
20 g	de sucre
2 dl	de crème entière

Compote

200 g	de baies de sureau
2 c.s.	de sucre
1 c.s.	d'eau
1 c.s.	de marasquin
1 c.s.	de vieille prune

Préparation

Battre au bain-marie le jaune d'œuf, le sucre de canne, le miel et la vieille prune dans une jatte. Refroidir l'appareil dans un bain d'eau froide. Monter le blanc en neige avec une pincée de sel, verser peu à peu le sucre en pluie. Battre la crème et l'ajouter à l'appareil refroidi avant d'y mélanger délicatement le blanc en neige. Beurrer un moule à terrine, chemiser d'un film cellophane, y verser le parfait et mettre au congélateur durant 3 heures. Mettre tous les ingrédients pour la compote dans une poêle et laisser mijoter pendant 5 minutes environ.

FOREST HONEY PARFAIT
WITH ELDERBERRY COMPOTE

INGREDIENTS

Parfait

1	egg yolk
50 g	cane sugar
2 tbsp	forest honey
2 cl	Vieille Prune
	Egg whites
20 g	sugar
2 dl	cream

Compote

200 g	elderberries
2 tbsp	sugar
1 tbsp	water
1 tbsp	Maraschino
1 tbsp	Vieille Prune

Preparation

Whisk together the egg yolks, cane sugar, honey and Vieille Prune over a warm water bath. Cool the mixture over a cold water bath. Add a pinch of salt to the egg whites and beat into stiff peaks. Gradually add the sugar. Whip the cream and fold into the cooled yolk mixture. Carefully mix in the beaten egg whites. Place in buttered terrine moulds lined with plastic wrap. Freeze for at least 3 hours. Combine the ingredients for the compote in a saucepan and simmer on low heat for approximately 5 minutes.

Parkhotel Beau-Site

Burkhard Sattler, Chef de cuisine und Franz Schwegler-Dossetto, Gastgeber

Parkhotel Beau-Site

«Die Wünsche und Erwartungen unserer Gäste zu erfüllen ist unser erklärtes Ziel. Wir wollen jeden Aufenthalt im Parkhotel Beau-Site zu einem unvergesslichen Erlebnis werden lassen.» Unter diesem Motto stellt sich Burkhard Sattler, unser Küchenchef, Tag für Tag der anspruchsvollen Herausforderung. Mit viel Liebe zum Beruf, durch Flexibilität und Offenheit gegenüber Neuem, kreiert er mit seinem Küchenteam unvergessliche Gourmet-Erlebnisse. Kochen ist, wie die Mode, immer wieder von Trends beeinflusst. Die Guten zu erkennen und mit Bewährtem zu vereinen ohne die klassische Küche zu vernachlässigen, dies ist unser Rezept, um jedes Diner zur glanzvollen Festlichkeit werden zu lassen.

Parkhotel Beau-Site

«Notre objectif principal est de satisfaire aux désirs et attentes de nos hôtes. Nous voulons faire de chaque séjour à l'hôtel Beau-Site un événement inoubliable.» C'est selon cette devise que notre chef, Burkhard Sattler, relève jour après jour ce défi de taille. Son amour du métier, sa flexibilité et son ouverture d'esprit face à la nouveauté constituent sa source d'inspiration pour créer, avec sa brigade, des mets qui enchantent les plus fins palais. La cuisine c'est comme la mode, elle est toujours influencée par de nouvelles tendances. Savoir les déceler, les allier aux recettes classiques sans négliger la cuisine traditionnelle, tel est notre secret pour transformer chaque repas en véritable fête.

Park Hotel Beau-Site

We strive to provide outstanding service to our guests and to make every visit to the Park Hotel Beausite unforgettable. Our Executive head chef, Mr. Burkhard Sattler, rises to this demanding challenge every day. Together with his kitchen team, he has a love of his profession combined with flexibility and the willingness to try new things. This enables him to provide a memorable dining experience for the guests. Cooking, like fashion, is always influenced by new trends. The ability to recognize good innovation and to combine it with the classic and traditional is our recipe for turning every dinner into a delightful festivity.

CORDON BLEU VON SEA-BASS UND LACHS AUF SCHWARZEM RISOTTO
AN ZITRONENGRAS-SAUCE

ZUTATEN

Corden Bleu

100 g	Sea-Bass Filet ohne Haut (auch Loup de mer/ Seewolf)
80 g	Lachsfilet ohne Haut
15 g	Ruccola
120 g	Mascarpone
1	Eigelb
1 Spritzer	Zitronensaft
1 Prise	Cayenne-Pfeffer
20 ml	Noilly Prat
	Salz und Pfeffer aus der Mühle
80 g	Blattspinat blanchiert
1 Tl	Sesam-Öl
10 g	weisser Sesam
etwas	Erdnuss Öl

Schwarzer Risotto

80 g	Schwarzer Reis
40 g	Schalotten
1	Knoblauchzehe
1 El	Olivenöl
400 ml	Rinds-Bouillon
20 g	Parmesan
50 ml	Rahm
20 g	Butter
	Salz und Pfeffer aus der Mühle

Zitronengras-Sauce

200 ml	Fisch-Velouté
1 Stange	Zitronengras
50 g	Mascarpone
1 Spritzer	Zitronensaft
	Salz und Pfeffer aus der Mühle
20 g	Butter

Zubereitung Corden Bleu

Ruccola waschen, fein hacken. Mascarpone und Eigelb dazugeben, gut vermengen. Zitronensaft, Cayenne-Pfeffer und Noilly Prat beifügen, mit Salz und Pfeffer abschmecken.

Ofen auf ca. 180 Grad vorheizen. Sea-Bass auf ca. 16 x 16 cm plattieren. Mit Blattspinat bedecken und die Mascarponemasse darauf verstreichen. Lachsfilet in der Mitte platzieren und zu einem Cordon Bleu formen. Mit Salz und Pfeffer würzen, mit Sesamöl beträufeln und mit Sesam bestreuen. Erdnussöl in einer Pfanne erhitzen und das Cordon Bleu von allen Seiten goldbraun anbraten, danach im Ofen ca. 5 bis 8 Minuten garen. Zum Servieren die Enden abschneiden und das Cordon Bleu tranchieren.

Schwarzer Risotto

Schalotten und Knoblauch fein hacken. Olivenöl erhitzen, Schalotten, Knoblauch und Reis glasig dünsten. Mit Rinds-Bouillon ablöschen und ca. 20 Minuten bei mittlerer Hitze köcheln lassen. Parmesan, Rahm, Butter unterrühren und nicht mehr zum Kochen bringen. Mit Pfeffer und Salz abschmecken.

Zitronengras-Sauce

Zitronengrasstange zerstossen und mit der Fisch-Velouté ca. 5 Minuten kochen. Mascarpone und Zitronensaft dazugeben, mit Salz und Pfeffer abschmecken. Sauce durch ein feines Sieb geben und erneut aufkochen, Butter hinzugeben, nicht mehr zum Kochen bringen. Mit dem Stab-Mixer mixen bis eine cremige Sauce entsteht.

CORDON BLEU DE MÉROU ET SAUMON SUR LIT DE RISOTTO NOIR ET SAUCE À LA CITRONNELLE

INGRÉDIENTS

Cordon bleu

100 g	de filet de mérou sans peau (ou loup de mer)
80 g	de filet de saumon sans peau
15 g	de roquette
120 g	de mascarpone
1	jaune d'œuf
	quelques gouttes de citron
1 pincée	de poivre de Cayenne
20 ml	de vermouth Noilly Prat
	sel et poivre du moulin
80 g	d'épinards en branches blanchis
1 c.c.	d'huile de sésame
10 g	de sésame blanc
	un peu d'huile d'arachide

Risotto noir

80 g	de riz noir
40 g	d'échalote
1	gousse d'ail
1 c.s.	d'huile d'olive
400 ml	de bouillon de bœuf
20 g	de parmesan
50 ml	de crème
20 g	de beurre
	sel et poivre du moulin

Sauce à la citronnelle

200 ml	de velouté de poisson
1	branche de citronnelle
50 g	de mascarpone
	quelques gouttes de citron
	sel et poivre du moulin
20 g	de beurre

Préparation cordon bleu

Laver et hacher finement la roquette. Bien la mélanger avec le mascarpone et le jaune d'œuf. Ajouter le jus de citron, le poivre de Cayenne et le vermouth Noilly Prat, saler et poivrer.

Préchauffer le four à environ 180°. Aplatir le mérou de sorte à obtenir un carré d'environ 16x16 cm. Recouvrir d'épinards en branches, puis enduire de préparation au mascarpone. Placer le filet de saumon au centre et former un cordon bleu. Saler et poivrer, et arroser de quelques gouttes d'huile de sésame. Chauffer de l'huile d'arachide dans une poêle et saisir le cordon bleu de tous les côtés avant de le glisser au four pendant 5 à 8 minutes. Au moment de servir, couper le cordon bleu en tranches en prenant soin de retirer au préalable les extrémités.

Risotto noir

Hacher menu l'ail et l'échalote. Faire chauffer l'huile d'olive et y faire suer les échalotes, l'ail et le riz. Déglacer au bouillon de bœuf et laisser mijoter pendant environ 20 minutes à feu doux. Ajouter le parmesan, la crème et le beurre, arrêter la cuisson. Saler et poivrer.

Sauce à la citronnelle

Ecraser la branche de citronnelle et la faire cuire pendant environ 5 minutes dans le velouté de poisson. Incorporer le mascarpone et le jus de citron, saler et poivrer. Passer à la passoire fine et porter une nouvelle fois à l'ébullition, ajouter le beurre, arrêter la cuisson. Passer au mixeur jusqu'à l'obtention d'une sauce onctueuse.

CORDON BLEU OF SEA BASS AND SALMON ON BLACK RISOTTO WITH LEMONGRASS SAUCE

INGREDIENTS

Cordon Bleu of Sea Bass and Salmon

100 g	sea bass fillet without skin
80 g	salmon fillet without skin
15 g	rocket
120 g	Mascarpone
1	egg yolk
1	squeeze lemon juice
1 pinch	cayenne pepper
20 ml	Noilly Prat
	Salt and freshly ground pepper
80 g	blanched spinach leaves
1 tsp	sesame oil
10 g	white sesame seeds
	Small amount of peanut oil

Black Risotto

80 g	black rice
40 g	shallots
1	garlic clove
1 tbsp	olive oil
400 ml	beef bouillon
20 g	Parmesan cheese
50 ml	cream
20 g	butter
	Salt and freshly ground pepper

Lemongrass Sauce

200 ml	white fish sauce (velouté)
1	stalk lemongrass
50 g	Mascarpone
1	squeeze lemon juice
	Salt and freshly ground pepper
20 g	butter

Preparation Cordon Bleu

Wash and finely chop the rocket. Add the Mascarpone and egg yolk and mix well. Stir in the lemon juice, cayenne pepper and Noilly Prat. Season with salt and pepper. Preheat the oven to 180 degrees. Flatten the sea bass to 16x16 cm. Cover with the spinach leaves. Spread the Mascarpone mixture over the spinach. Arrange the salmon fillets over the top and to form a «cordon bleu». Season with salt and pepper, and sprinkle with sesame oil and sesame seeds. Heat the peanut oil in a frying pan and fry the «cordon bleu» golden brown on all sides. Bake in the oven for approximately 5–8 minutes. To serve: Trim the ends off the «cordon bleu» and cut into slices.

Black Risotto

Finely chop the shallots and garlic. Heat the olive oil. Fry the shallots, garlic and rice until translucent. Deglaze with the beef bouillon and simmer for 20 minutes on medium heat. Stir in the Parmesan, cream and butter. Do not allow to boil further. Season with salt and pepper.

Lemongrass Sauce

Grind the lemongrass stalk in the mortar and simmer with the fish velouté for 5 minutes. Add the Mascarpone and lemon juice. Season with salt and pepper. Pass the sauce through a fine sieve and bring to a boil again. Add the butter. Do not allow to boil further. Beat with a hand held mixer until creamy.

MILLEFEUILLE À LA MOUSSE DE POIRES DU VALAIS *ET* FRAMBOISES FRAÎCHES

INGRÉDIENTS

Mousse

160 g	de purée de poires valaisannes
2	feuilles de gélatine
2	œufs
80 g	de sucre
	casserole remplie de glaçons
2 c.s.	de liqueur de poires William
160 g	de crème fouettée

Millefeuille

30 g	de beurre
25 g	de miel
30 g	de farine
45 g	de sucre glace
200 g	de framboises fraîches

Préparation mousse

Faire fondre la gélatine selon le mode d'emploi. Battre en crème les œufs et le sucre dans une jatte au bain-marie. Incorporer la purée de poires et la gélatine en remuant. Placer la jatte dans la casserole remplie de glaçons et faire refroidir sans cesser de remuer. Ajouter maintenant la liqueur de poires William et la crème, bien mélanger le tout. Couvrir et placer au réfrigérateur pendant environ 2 heures.

Millefeuille

Fouetter les ingrédients, hormis les framboises, en une pâte crémeuse et former 12 petites boules d'environ 10 grammes chacune. Disposer les boules bien éloignées les unes des autres sur une plaque recouverte de papier sulfurisé et les glisser au four préchauffé à 190° pendant environ 5 minutes. Sortir la plaque du four et laisser refroidir les millefeuilles.

Préparer 3 feuilles par portion. Au centre de la feuille du bas, déposer une cuillérée de mousse de poires et, sur les bords, disposer les framboises. Poser délicatement la seconde feuille et garnir également d'une cuillérée de mousse de poires. Reformer une bordure de framboises. Pour terminer, poser une troisième feuille de pâte et servir.

Conseil de décoration: nuage de sucre et physalis enrobé de chocolat.

MILLE FEUILLE WITH VALAIS PEAR MOUSSE AND FRESH RASPBERRIES

INGREDIENTS

Mousse

160 g	Valais pear purée
2	gelatine leaves
2	eggs
80 g	sugar
	Pot with ice cubes
2 tbsp	Williams pear liqueur
160 g	whipped cream

Mille Feuille

30 g	butter
25 g	honey
30 g	flour
45 g	icing sugar
200 g	fresh raspberries

Preparation Mousse

Dissolve the gelatine according to the instructions. Beat the eggs and sugar over a warm water bath until creamy. Stir in the pear purée and the gelatine. Place the bowl in the pot with the ice cubes and cool, stirring constantly. Fold in the cream and Williams pear liqueur and stir well. Cover and refrigerate for approximately 2 hours.

Mille Feuille

Mix the ingredients, except for the raspberries, into a creamy dough. Form 12 small balls of approximately 10 g each. Place the balls wide apart on a baking sheet. Bake for 5 minutes in a preheated oven at 190 degrees. Remove the sheet from the oven and allow to cool. Use 3 mille feuille leaves per portion. Place a spoonful of the pear mousse in the middle of the first leaf and decorate the edges with raspberries. Carefully cover with the second leaf and add another spoonful of the pear mousse. Decorate again with raspberries. Cover with the third mille feuille leaf and serve. Garnish with a spun sugar ball and chocolate-covered physalis .

MILLE FEUILLE MIT WALLISER BIRNEN-MOUSSE & FRISCHEN HIMBEEREN

ZUTATEN

Mousse

160 g	Walliser Birnen-Püree
2 Blatt	Gelatine
2	Eier
80 g	Zucker
	Topf mit Eiswürfeln
2 El	Williamsbirnen-Likör
160 g	Rahm geschlagen

Mille Feuille

30 g	Butter
25 g	Honig
30 g	Mehl
45 g	Puderzucker
200 g	frische Himbeeren

Zubereitung Mousse

Gelatine nach Anleitung auflösen. Die Eier mit dem Zucker in einer Schüssel im warmen Wasserbad aufschlagen bis eine cremige Masse entsteht. Birnen-Püree und die Gelatine unter Rühren beigeben. Die Schüssel in den Topf mit den Eiswürfeln stellen und unter ständigem Rühren abkühlen lassen. Nun den Williamsbirnen-Likör und den Rahm unterheben und gut verrühren. Ca. 2 Stunden zugedeckt kühl stellen.

Zubereitung Mille Feuille

Die Zutaten ohne Himbeeren zu einem cremigen Teig verrühren und 12 kleine Kugeln à ca. 10 Gramm daraus formen. Die Kugeln in grossen Abständen auf ein mit Backpapier ausgelegtes Blech legen und im vorgeheizten Ofen ca. 5 Minuten bei 190 Grad backen. Blech aus dem Ofen nehmen und die Mille Feuille abkühlen lassen.

Für jede Portion 3 Mille Feuille-Blätter bereitlegen. In die Mitte des untersten Blattes einen Löffel Birnen-Mousse geben und den Rand mit Himbeeren verzieren. Das zweite Blatt vorsichtig auflegen und wieder einen Löffel Birnen-Mousse draufgeben. Wieder mit Himbeeren verzieren. Zum Abschluss ein drittes Blatt darauf legen und servieren.

Dekorationstipp: Zuckerball und Physalis mit Kuvertüre.

Hotel Berghof

Franz und Regina Lerjen-Perren, Direktion

Philipp Steiner, Chef de cuisine

Hotel Berghof

Philipp Steiner, der nach seinen Lern- und Wanderjahren sein Können nun im Hotel Berghof in Zermatt unter Beweis stellen kann, verwöhnt die Gäste mit einer schnörkellosen Küche und beschert Ihnen ein unvergessliches kulinarisches Zermatt-Erlebnis. Der Chefkoch überrascht mit Bewährtem, verführerisch vereint mit verschiedenen Ingredienzien. Er hat ein untrügliches Gespür für die Harmonie von Aromen, verliert dabei nie die Bodenhaftung zur Region, auch wenn er mit mediterranen oder asiatischen Elementen jongliert.

Hôtel Berghof

Après plusieurs années de formation et de voyages, Philipp Steiner exerce à présent ses talents à l'hôtel Berghof à Zermatt. Il propose une cuisine tout en simplicité et fait vivre à ses hôtes des expériences culinaires inoubliables. Le chef surprend en mêlant savamment tradition et exotisme. Il possède un remarquable sens de l'harmonie des arômes et garde toujours une note régionale, même lorsqu'il jongle avec des saveurs méditerranéennes ou asiatiques.

Hotel Berghof

Philipp Steiner came to us after years of training and practice, and is now proving his skill to the guests of Zermatt's Hotel Berghof. He is happy to spoil them with perfect cooking that provides an unforgettable culinary Zermatt experience. Our Chef creates wonderful dishes. He uses time-tested recipes, and enhances them enticingly with different ingredients. He has an infallible talent for combining different flavours, yet never loses his relationship to the local cuisine, even when juggling Mediterranean or Asian elements.

CARPACCIO DE CERF SUR LIT DE ROQUETTE, VINAIGRETTE AUX FRUITS SECS ET ROSETTES DE TÊTE DE MOINE, LE TOUT GARNI DE DEUX RAISINS

INGRÉDIENTS

100 g	*de roquette*
400 g	*de viande de cerf (entrecôte)*
12	*rosettes de tête de moine*
8	*grains de raisin blanc*
8	*grains de raisin rouge*
1 c.s.	*de beurre*
1 c.c.	*de sirop d'érable*
1 c.c.	*de vinaigre balsamique blanc*
2 pincées	*de sel marin de Guérande*

Vinaigrette

50 g	*de mélange de pignons, noisettes et cajous*
2 c.s.	*d'huile de noix*
2 c.s.	*d'huile d'olive*
2 c.s.	*d'huile de tournesol*
3 c.s.	*de vinaigre balsamique*
	sel et poivre

Préparation

Laver la roquette et la couper grossièrement. Parer la viande de cerf, l'enrouler dans un film cellophane et la placer 24 heures au congélateur. Concasser grossièrement les fruits secs, puis les griller légèrement dans une poêle sans ajouter de graisse. Pour la vinaigrette, mélanger les différentes huiles au vinaigre balsamique, saler et poivrer. Incorporer le mélange des noix. A l'aide d'une «Girolle», former 12 rosettes de tête de moine. Couper les grains de raisin en deux, les épépiner et les faire revenir dans du beurre. Ajouter le sirop d'érable et déglacer au vinaigre balsamique blanc.

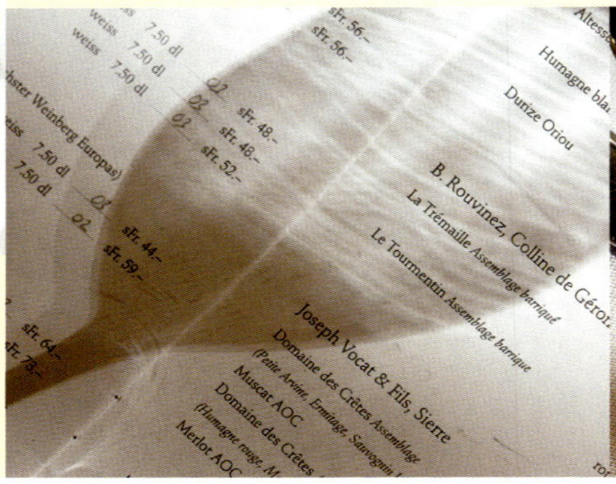

INGREDIENTS

100 g	*arugula*
400 g	*venison (entrecote)*
12	*rosettes of Tête de Moine cheese*
8	*green grapes*
8	*red grapes*
1 tbsp	*butter*
1 tsp	*maple syrup*
1 tsp	*white balsamic vinegar*
2 pinches	*Guérande sea salt*

Vinaigrette

50 g	*nuts (pine nuts, hazelnuts and cashews)*
2 tbsp	*walnut oil*
2 tbsp	*olive oil*
2 tbsp	*sunflower oil*
3 tbsp	*balsamic vinegar*
	Salt and pepper

VENISON CARPACCIO ON ARUGULA SALAD WITH NUT VINAIGRETTE, TÊTE DE MOINE ROSETTES AND TWO KINDS OF GRAPES

Preparation

Wash the arugula and roughly chop. Trim the venison and roll in plastic wrap. Freeze the roll for 24 hours. Roughly chop the nuts and roast lightly in a frying pan without oil. Make a vinaigrette with the different oils and balsamic vinegar. Season with salt and pepper. Mix in the nuts. Use a «Girolle» to shave 12 rosettes from the cheese. Halve and deseed the grapes and coat in melted butter. Add the maple syrup and deglaze with the white balsamic vinegar.

HIRSCHCARPACCIO AUF RAUKESALAT AN NUSS-VINAIGRETTE MIT TÊTE DE MOINE LOCKEN UND ZWEIERLEI TRAUBEN

ZUTATEN

100 g	Rauke
400 g	Hirschfleisch (Entrecôte)
12	Tête de Moine Locken
8	helle Trauben
8	dunkle Trauben
1 El	Butter
1 Tl	Ahornsirup
1 Tl	weisser Balsamico
2 Prisen	Meersalz aus Guérande

Vinaigrette

50 g	Nüsse (Pinienkerne, Hasel- und Cashewnüsse)
2 El	Walnussöl
2 El	Olivenöl
2 El	Sonnenblumenöl
3 El	Balsamico
	Salz und Pfeffer

Zubereitung

Raukesalat waschen und grob schneiden. Hirschfleisch parieren und in Klarsichtfolie einrollen. Die Rolle anschliessend für 24 Stunden in den Tiefkühler legen. Die Nüsse grob hacken und leicht in der Bratpfanne ohne Fett rösten. Die verschiedenen Öle mit dem Balsamico zu einer Vinaigrette vermengen und mit Salz und Pfeffer abschmecken. Anschliessend die Nüsse dazugeben. Mit Hilfe einer «Girolle» werden 12 Locken vom Tête de Moine gehobelt. Die Trauben halbieren und entkernen und anschliessend in Butter wenden, Ahornsirup beigeben und mit weissem Balsamico ablöschen.

duo de RÂBLE DE LAPIN ET AGNEAU, *gnocchi de pommes de terre et* LÉGUMES VARIÉS

INGRÉDIENTS

Viande

400 g	de râble de lapin désossé avec lobe abdominal
200 g	de filet d'agneau
20 g	d'herbes des Alpes hachées (romarin, thym et persil)
	sel et poivre
1 dl	de jus d'agneau

Gnocchi de pommes de terre au Safran de Mund et au pavot

400 g	de pommes de terre en robe des champs
1	œuf
1	jaune d'œuf
100 g	de farine
10 pistils	de Safran de Mund
1 c.c.	de graines de pavot
	sel et poivre
	beurre

Légumes variés

8	asperges vertes du Valais
12	petites tomates en grappe
200 g	de carottes jaunes (Pfälzer)
½ dl	d'huile d'olive
1 c.s.	de beurre
	sel et poivre
	sucre

Préparation râble de lapin et agneau

Poser le râble de lapin à plat et l'assaisonner parcimonieusement. Rouler le filet d'agneau dans les herbes des Alpes hachées et le poser sur le râble de lapin, rouler le tout et ficeler. Saler et poivrer le râble de lapin, puis le saisir à feu vif dans de l'huile d'arachide. Cuire au four à 120° jusqu'à ce que la température au cœur atteigne 48°, puis laisser reposer 10 minutes.

Gnocchi de pommes de terre

Laver les pommes de terre, les cuire dans l'eau salée et laisser légèrement refroidir avant de les éplucher. Les passer ensuite au presse-purée, saler et poivrer, incorporer les œufs et la farine et former une pâte malléable. Ajouter les stigmates de safran et le pavot à la fin. Former un rouleau de pâte de 1 cm de diamètre et couper en morceaux d'environ 2 cm. Plonger dans l'eau frémissante à peu près 4 minutes, attendre que tous les gnocchi remontent à la surface. Pour terminer, passer les gnocchi au beurre.

Légumes variés

Couper les asperges en petits tronçons. Saisir dans l'huile d'olive, saler et poivrer. Poser les tomates non équeutées sur une plaque, badigeonner d'huile d'olive, saler et poivrer. Enfourner à 120°. Eplucher les carottes et les couper en petits bâtonnets. Blanchir dans l'eau bouillante salée, puis passer sous l'eau froide. Pour terminer, glacer les carottes au beurre et au sucre dans une poêle, saler et poivrer.

DUET OF RABBIT LOIN AND LAMB *with potato gnocchi and* COLOURFUL VEGETABLES

Preparation Rabbit and lamb Saddles

Lay out the rabbit saddle and season lightly. Coat the lamb saddle filet with the chopped Alpine herbs and place over the rabbit saddle. Roll and bind together with kitchen twine. Season with salt and pepper and brown in peanut oil. Roast in the oven at 120 degrees until the meat has reached a core temperature of 48 degrees. Remove from the oven and leave for 10 minutes.

Potato Gnocchi

Wash the potatoes and cook in salted water until soft. Allow to cool slightly. Peel the potatoes and press through a potato sieve. Season with salt and pepper. Add the eggs and flour until a malleable dough has formed. Mix in the saffron strands and poppy seeds. Form the dough into a thick roll and slice into pieces of 2 cm in length. Boil in salted water for approximately 4 minutes until all gnocchi are floating on the surface. Lightly coat the gnocchi in melted butter.

Colourful Vegetables

Slice the Asparagus in small sticks. Fry in olive oil. Season with salt and pepper. Place the tomatoes with their stems on a baking sheet and drizzle with olive oil. Partially roast in the oven at 120 degrees. Peel the carrots and slice into small wedges. Blanch in boiling water and plunge into iced water. In a saucepan, glaze the carrots with butter and sugar. Season with salt and pepper.

INGREDIENTS

Meat

400 g	trimmed rabbit saddle with flank
200 g	lamb saddle filet
20 g	chopped alpine herbs (rosemary, thyme, parsley)
	Salt and pepper
1 dl	lamb jus

Munder Saffron Potato Gnocchi with Poppy Seeds

400 g	potatoes with skin
1	egg
1	egg yolk
100 g	flour
10 strands	Munder Saffron
1 tsp	poppy seeds
	Salt and pepper
	Butter for frying

Colourful Vegetables

8	stalks green Valais asparagus
12	small vine tomatoes
200 g	yellow carrots (Pfälzer)
½ dl	olive oil
1 tbsp	butter
	Salt and pepper
	Sugar

DUETT VOM KANINCHENRÜCKEN UND LAMM, KARTOFFELGNOCCHI MIT MUNDER SAFRAN UND BUNTEM GEMÜSE

ZUTATEN

Fleisch

400 g	Kaninchenrücken, ausgelöst mit Bauchlappen
200 g	Lammrückenfilet
20 g	gehackte Alpenkräuter (Rosmarin, Thymian und Petersilie)
	Salz und Pfeffer
1 dl	Lammjus

Munder Safran-Kartoffel-gnocchi mit Mohn

400 g	Kartoffeln mit Schale
1	Ei
1	Eigelb
100 g	Mehl
10	Munder Safranfäden
1 Tl	Mohnsamen
	Salz und Pfeffer
	Butter zum Anbraten

Buntes Gemüse

8	grüne Walliser Spargeln
12	kleine Strauchtomaten
200 g	gelbe Pfälzerkarotten
½ dl	Olivenöl
1 El	Butter
	Salz und Pfeffer
	Zucker

Zubereitung Kaninchen- und Lammrücken

Kaninchenrücken flach auslegen und leicht würzen. Lammrückenfilet in den gehackten Alpenkräutern wenden, auf den Kaninchenrücken legen, einrollen und mit Schnur zusammenbinden. Kaninchenrücken mit Salz und Pfeffer würzen, in Erdnussöl scharf anbraten. Bei 120 Grad im Ofen garen bis die Kerntemperatur von 48 Grad erreicht ist. Danach 10 Minuten ruhen lassen.

Kartoffelgnocchi

Kartoffeln waschen, in Salzwasser weich kochen und leicht auskühlen lassen. Kartoffeln schälen, durch die Kartoffelpresse drücken, mit Salz und Pfeffer würzen, Eier und Mehl beigeben bis ein formbarer Teig entsteht. Safranfäden und Mohn am Schluss dazugeben. Teig zu einer 1cm dicken Rolle formen und in ca. 2 cm lange Stücke schneiden. In siedendem Salzwasser etwa 4 Minuten ziehen lassen bis alle Gnocchi an der Oberfläche schwimmen. Gnocchi danach in Butter kurz wenden.

Buntes Gemüse

Spargeln in kleine Stäbchen schneiden. In Olivenöl anbraten, mit Salz und Pfeffer würzen. Tomaten mit Stiel auf ein Blech legen und mit Olivenöl beträufeln, mit Salz und Pfeffer würzen. Im Ofen bei 120 Grad halb garen. Karotten schälen und in kleine Keile schneiden. In kochendem Salzwasser blanchieren und in Eiswasser abschrecken. Die Karotten anschliessend in der Pfanne mit Butter und Zucker glasieren – mit Salz und Pfeffer abschmecken.

SCHOKOLADEN-ERDBEER SYMPHONIE «BERGHOF»

ZUTATEN

Weisses Schokoladen Mousse

½ dl	Wasser
50 g	Zucker
2	Eigelb
50 g	Butter
50 g	weisse Schokolade Couverture
1 Blatt	Gelatine
2 dl	Schlagrahm
4	konische Formen für das Mousse
300 g	Erdbeeren
½ dl	Holunderblütensirup

Kakaoreduktion (Dekoration)

50 g	Zucker
5 cl	Wasser
30 g	Kakaopulver

Aloe Vera Sorbet mit Erdbeeren (Paco Jet)

1 dl	Wasser
75 g	Zucker
300 g	Aloe Vera Joghurt
100 g	Erdbeeren

Kakaobohnen Croustillant (Dekoration)

50 g	Mehl
1	Eiweiss
35 g	Staubzucker
25 g	Doppelrahm
30 g	geröstete Kakaobohnensplitter

Zubereitung

Wasser und Zucker auf 115 Grad aufkochen, zum Eigelb geben und alles kaltschlagen. Weisse Couverture und Butter im Wasserbad schmelzen. Eigelb- und Schokolademasse langsam miteinander vermengen. Gelatine kurz in kaltes Wasser einlegen und mit 2 Esslöffeln heissem Wasser im heissen Wasserbad flüssig werden lassen, danach unter die Masse rühren. Den geschlagenen Rahm unter die Masse ziehen und kühlen. Erdbeeren der Länge nach in feine Scheiben schneiden. Die vier kegelförmigen Formen mit den Erdbeerscheiben auslegen. Mousse in die Formen dressieren und kühl stellen. Den Rest der Erdbeeren waschen, vierteln und mit Holunderblütensirup während 1 Stunde marinieren.

Wasser und Zucker aufkochen, kalt stellen und anschliessend mit dem Aloe Vera Joghurt vermengen und für 24 Stunden im Paco Jet Becher tiefkühlen. 1 Stunde vor Gebrauch das Sorbet pacossieren. Erdbeeren in kleine Würfel schneiden und unter die fertige Sorbetmasse mischen oder die Masse (Sorbet) in der Eismaschine gefrieren.

Mehl, Eiweiss, Staubzucker und Doppelrahm vermischen und die Masse auf ein Blech streichen. Mit Kakaobohnensplitter bestreuen und bei 180 Grad im Ofen backen. Zucker karamellisieren und mit Wasser und Kakaopulver ablöschen. Die Flüssigkeit bei mittlerer Hitze reduzieren lassen.

INGRÉDIENTS

Mousse au chocolat blanc

½ dl	d'eau
50 g	de sucre
2	jaunes d'œuf
50 g	de beurre
50 g	de couverture de chocolat blanc
1 feuille	de gélatine
2 dl	de crème fouettée
4	formes coniques pour la mousse
300 g	de fraises
½ dl	de sirop de fleurs de sureau

Réduction de cacao (décoration)

50 g	de sucre
5 cl	d'eau
30 g	de poudre de cacao

Sorbet à l'aloe vera et aux fraises (Pacojet)

1 dl	d'eau
75 g	de sucre
300 g	de yogourt à l'aloe vera
100 g	de fraises

Croustillant aux fèves de cacao (décoration)

50 g	de farine
1	blanc d'œuf
35 g	de sucre en poudre
25 g	de double crème
30 g	d'éclats de fèves de cacao grillés

Préparation

Porter l'eau et le sucre à ébullition à 115°, verser sur les jaunes d'œuf et fouetter jusqu'à refroidissement. Faire fondre la couverture de chocolat et le beurre au bain-marie. Mélanger délicatement les deux appareils. Faire tremper brièvement la gélatine dans l'eau froide, ajouter 2 cuillères à soupe d'eau chaude et liquéfier au bain-marie. Incorporer ensuite à l'appareil et ajouter la crème fouettée, placer au frais. Couper les fraises en fines tranches dans le sens de la longueur. Garnir l'intérieur des 4 moules coniques de tranches de fraises, y verser la mousse et placer au réfrigérateur. Laver le reste des fraises, les couper en quatre et les faire mariner pendant 1 heure dans le sirop de fleurs de sureau.

Porter l'eau et le sucre à ébullition, laisser refroidir et mélanger au yogourt à l'aloe vera. Congeler pendant 24 heures dans le bol Pacojet. Une heure avant de servir, passer le sorbet au Pacojet. Couper les fraises en petits dés et les incorporer au sorbet terminé ou faire glacer l'appareil (le sorbet) dans la sorbetière.

Mélanger la farine, le blanc d'œuf, le sucre en poudre et la double crème, puis étaler le tout sur une plaque. Saupoudrer d'éclats de fèves de cacao et cuire au four à 180°.

Caraméliser du sucre et déglacer à l'eau et à la poudre de cacao. Faire réduire le liquide à feu doux.

SYMPHONIE «BERGHOF» AUX FRAISES ET AU CHOCOLAT

CHOCOLATE-STRAWBERRY SYMPHONY «BERGHOF»

INGREDIENTS

White Chocolate Mousse

½ dl	water
50 g	sugar
2	egg yolks
50 g	butter
50 g	white chocolate couverture
1 leaf	gelatine
2 dl	whipping cream
4	cone-shaped moulds for the mousse
300 g	strawberries
½ dl	elderberry syrup

Cocoa Reduction for Decoration

50 g	sugar
5 cl	water
30 g	cocoa powder

Aloe Vera and Strawberry Sorbet prepared in the Pacojet

1 dl	water
75 g	sugar
300 g	Aloe Vera Yoghurt
100 g	strawberries

Candied Cocoa Beans for Decoration

50 g	flour
1	egg white
35 g	powder sugar
25 g	double cream
30 g	roasted coca bean slivers

Preparation

White Chocolate Mousse: Boil the water and sugar at 115 degrees. Add to the egg yolk and beat until cold. Melt the white chocolate couverture and the butter over a hot water bath. Slowly combine the egg yolk and chocolate mixtures. Soften the gelatine in cold water, add two tablespoons of hot water and dissolve over a hot water bath. Stir into the chocolate. Fold in the whipped cream and refrigerate until needed. Finely slice the strawberries lengthwise. Line four cone-shaped moulds with the strawberries. Fill the moulds with the mousse and refrigerate. Wash the remaining strawberries, cut into quarters and marinate in the elderberry syrup for 1 hour.

Aloe Vera and Strawberry Sorbet: Boil together the water and sugar, cool and combine with the aloe vera yoghurt. Freeze for 24 hours in Pacojet cups. Mix in the Pacojet for 1 hour before serving. Finely cube the strawberries and mix into the sorbet or freeze with the sorbet in the ice machine.

Candied Cocoa Beans for Decoration: Combine the flour, egg white, powder sugar and double cream and spread the mixture onto a baking sheet. Sprinkle with the coca bean slivers and bake at 180 degrees.

Cocoa Reduction for Decoration: Caramelise the sugar and deglaze with water and cocoa powder. Reduce the mixture over medium heat.

Bäckerei Konditorei Confiserie, Café Biner

Reto und Stefan Biner, Geschäftsinhaber

Boulangerie-pâtisserie Confiserie et Café Biner

Une entreprise riche d'une longue tradition qui s'étend sur trois générations et, à la fois, équipée des dernières technologies! Jour après jour, nous créons, pour notre chère clientèle ainsi que pour les hôteliers et restaurateurs de Zermatt, des produits frais à base de matières premières de qualité supérieure. Que seraient donc ces plats gourmands sans petits pains variés, sans le fameux pain de seigle valaisan AOC, sans pain paillasse ou d'autres pains traditionnels. Nous sommes aussi passionnés par la création de tourtes et de produits de confiserie. Rien d'étonnant donc que nos pralinés, composés avec une couverture de chocolat noble et les fourrages les plus délicats, soient mondialement réputés. Un succès à la hauteur de notre ambition et ardeur au travail!

Bäckerei Konditorei Confiserie Café BINER

Der Traditionsbetrieb in dritter Generation! Mit qualitativ hochwertigen Rohstoffen, Individualität und Tradition, gepaart mit der neuesten Technologie, stellen wir für unsere geschätzte Kundschaft im Geschäft sowie für die Hoteliers und Restaurateurs von Zermatt täglich frische Produkte her. Brötchen in allen Geschmacksrichtungen, Walliser Roggenbrot AOC, Pain Paillasse und viele traditionelle Brotsorten ermöglichen eine Aufwertung der kulinarischen Delikatessen, die den Kunden zur Zelebration des Diners serviert werden.

Variationen an Torten und Konditoreiprodukten sind eine Leidenschaft unserer Produktionsableitung im Dessertbereich. «Biner's Pralinés haben Weltruf». Mit viel Ehrgeiz arbeiten wir unermüdlich mit edelster Couverture und feinsten Füllungen, dem Ruf unserer Pralinés und Schokoladenspezialitäten gerecht zu werden.

Bakery and Confectioner's Shop Café BINER

We are a traditional operation in its third generation of ownership! Every day we prepare fresh products for the valued customers who visit our shop, as well as for Zermatt's hotels and restaurants. We only use the best quality raw ingredients and the latest technology to prepare distinctive and traditional products. These include bread rolls of all flavours, Valais rye bread AOC, Paillasse loaf and many other traditional breads. These enhance the culinary delicacies served to guests and complement their meals.

The many different varieties of torte and confectionary are a passion for our dessert department. Biner's pralines are known all over the world. We work tirelessly and ambitiously to maintain the reputation of our chocolate specialities and use only the most exclusive chocolate couvertures and finest fillings available.

GROSI-TRUFFES

ZUTATEN

1 dl	Rahm
240 g	Milchschokolade
0,2 dl	Rum
30 g	Butter
1 Tafel	Milchschokolade

Zubereitung

Rahm aufkochen. Die gehackte Milchschokolade (nicht kalt) in den heissen Rahm so lange einrühren bis die Masse glatt ist. Es dürfen keine Luftblasen oder Schokoladestückchen mehr zu sehen sein. Rum und die sehr weiche Butter in die Masse einrühren. Wenn diese leicht fest wird, mit einer glatten Tülle Tupfen auf ein Backpapier dressieren. Sobald die Tupfen erstarrt sind, von Hand zu Kugeln formen (wenn möglich 1 Tag stehen lassen). Eine Tafel Schokolade im Wasserbad vorsichtig schmelzen bis 30 Grad. Es darf kein Wasser in die Schokolade kommen. Die Kugeln einzeln von Hand mit Schokolade überziehen und im Kristallzucker rollen. Etwa 1 Stunde ruhen lassen, dann in Säckchen oder kleine Schachteln verpacken. Kühl und trocken gelagert, dann bleiben die Truffes zirka 1 Monat haltbar.

TRUFFES GRAND-MÈRE

INGRÉDIENTS

1 dl	*de crème*
240 g	*de chocolat au lait*
0,2 dl	*de rhum*
30 g	*de beurre*
1 plaque	*de chocolat au lait*

Préparation

Porter la crème à ébullition. Concasser le chocolat au lait (température ambiante) et l'ajouter à la crème bouillante. Remuer jusqu'à obtention d'un appareil lisse, sans bulles d'air ni morceaux. Ajouter le rhum et le beurre ramolli. Lorsque l'appareil devient légèrement ferme, au moyen d'une douille lisse, former des petits tas sur un papier sulfurisé. Aussitôt qu'ils se sont légèrement durcis, les façonner en forme de boules avec les mains (laisser reposer 1 jour si possible). Faire fondre avec précaution une plaque de chocolat au bain-marie sans dépasser 30° et veiller à ce que l'eau ne coule pas dans le chocolat. Plonger les truffes une à une dans le chocolat avant de les rouler dans le sucre cristallisé. Laisser reposer environ 1 heure, puis emballer dans de petits sachets ou de petites boîtes. Les truffes se conservent environ 1 mois au frais et au sec.

GRANNY TRUFFLES

INGREDIENTS

1 dl	*cream*
240 g	*milk chocolate*
0,2 dl	*rum*
30 g	*butter*
1 bar	*milk chocolate*

Preparation

Bring the cream to a boil. Stir the chopped milk chocolate (shouldn't be too cold) into the hot cream until the mixture is smooth and without any air bubbles or chocolate pieces. Stir in the rum and very soft butter. Once the mixture has thickened, use a pastry sack with a smooth tip to form small mounds. As soon as the mounds are firm, roll into balls by hand, and if possible allow 1 day to set. Carefully melt a bar of chocolate to 30 degrees over a hot water bath taking care that no water gets into the chocolate. Coat the chocolate balls with the melted chocolate by hand and roll in granulated sugar. Leave for 1 hour, then pack in small bags or boxes. The truffles will keep for approximately 1 month if stored in a cool dry place.

ZITRONEN-JOGHURT-TORTE

ZUTATEN

Biskuit (24 cm Durchmesser)

4	Eier
180 g	Zucker
180 g	Mehl

Creme

250 g	Quark
375 g	Joghurt natur
150 g	Zucker
6 Blatt	Gelatine
100 g	Zitronensaft
500 g	Rahm

Zubereitung Biskuit

Eier und Zucker schaumig rühren bis die Masse weiss wird. Mehl vorsichtig unter die Masse heben. In eine Ringform von 24 cm Durchmesser giessen und bei 200 Grad während ca. 15 Minuten backen. Biskuit halbieren und zurück in die kalte Ringform legen.

Creme

Quark und Joghurt vermischen. Gelatine und Zitronensaft dazugeben und zuletzt den geschlagenen Rahm unterheben. Die Masse auf das Biskuit giessen und glattstreichen. Während 3 bis 4 Stunden im Kühlschrank anziehen lassen und nach Belieben ausdekorieren.

TOURTE AU CITRON ET AU YOGOURT

INGRÉDIENTS

Biscuit (moule diamètre de 24 cm)

4	œufs
180 g	de sucre
180 g	de farine

Crème

250 g	de séré
375 g	de yogourt nature
150 g	de sucre
6 feuilles	de gélatine
100 g	de jus de citron
500 g	de crème

Préparation Biscuit

Battre en mousse les œufs et le sucre jusqu'à obtention d'une pâte blanche. Mélanger délicatement la farine. Verser l'appareil dans un moule à manqué de 24 cm de diamètre et enfourner durant 15 minutes environ à 200°. Couper en deux le biscuit et le remettre dans le moule froid.

Crème

Mélanger le séré et le yogourt. Ajouter d'abord la gélatine et le jus de citron, puis la crème fouettée. Verser l'appareil sur le biscuit et lisser. Laisser reposer 3 à 4 heures au réfrigérateur et décorer à votre gré.

LEMON YOGHURT TORTE

INGREDIENTS

Base (24 cm in diameter)

4	eggs
180 g	sugar
180 g	flour

Cream Filling

250 g	quark
375 g	plain yoghurt
150 g	sugar
6 leaves	gelatine
100 g	lemon juice
500 g	cream

Preparation Base

Beat the eggs and sugar until the mixture is white and foamy. Carefully stir in the flour. Pour into a Springform of 24 cm in diameter and bake in a preheated oven for 15 minutes at 200 degrees. Slice the base lengthwise in half and return to the cooled Springform.

Cream Topping

Mix together the quark and yoghurt. Add the gelatine, lemon juice and finally the whipped cream. Pour over the first biscuit layer and smooth. Repeat for the next layer. Place in the refrigerator to set for 3–4 hours, decorate as desired.

Hotel National
Hotel
Christiania

Torsten Höhn, Chef de cuisine

Katherina und Peter Franzen, Direktion

Hotel Christiania

Heutzutage kennt man von allem den Preis, aber von nichts den Wert!!! Oscar Wilde

«Die Kompositionen unserer Küche entstehen durch die Liason von alten, bodenständigen Rezepten mit der mediterranen Leichtigkeit unserer Tage. Begleitet werden Sie bei Ihrem kulinarischen Erlebnis von der majestätischen Erscheinung des Matterhorns, welches für unsere Küche auch immer wieder eine Inspiration ist. Im Zusammenspiel aller Eindrücke erkennt man den wahren Wert eines guten Essens.»

Hôtel Christiania

De nos jours on connaît le prix de tout et la valeur de rien!

Inspiré d'une citation d'Oscar Wilde

«Les compositions de notre cuisine s'inspirent, à la fois, de recettes d'antan plutôt substantielles et de la légèreté méditerranéenne tant à la mode de nos jours. Nos hôtes se délectent aussi bien de nos mets que de la splendide vue sur le majestueux Cervin, qui s'ajoute elle aussi à nos sources d'inspiration. Une harmonie parfaite permet d'apprécier réellement un bon repas à sa juste valeur.»

Hotel Christiania

These days one knows the price of everything and the value of nothing.

Oscar Wilde

«Our cuisine results from the relationship between traditional, local recipes and the ease of the Mediterranean. This culinary experience is accompanied by the majestic views of the Matterhorn, which are a constant source of inspiration for us all. The interaction of these impressions enables one to recognize the true value of a good meal.»

LAUWARME FASANENBRUST AUS DEM KASTANIENRAUCH MIT MARINIERTEN SÜSSWEINTRAUBEN

ZUTATEN

4	Fasanenbrüste 80–100 g
100 g	Esskastanien
60 g	Buchenspäne
10 g	Rosmarinnadeln
1	Lorbeerblatt
4	Wacholderbeeren
150 g	Weintrauben
70 g	Zucker
50 ml	Weissen Balsamico Essig
10 g	Ingwer
20 g	geröstete Pinienkerne

Zubereitung

Esskastanien zerkleinern und mit den anderen Zutaten ausser den Fasanenbrüsten mischen, in einen Räucherofen geben und diesen erhitzen. Die Fasanenbrüste leicht anbraten, auf ein Gitter legen und während ca. 15 Minuten in den Räucherofen geben.

Zucker karamellisieren, Trauben halbieren und dazu geben, leicht anziehen. Mit Essig ablöschen, Ingwer dazu geben, kurz aufkochen bis eine leichte Bindung entsteht. Mit Salz und Pfeffer würzen und noch ein wenig ziehen lassen. Kurz vor dem Anrichten die gerösteten Pinienkerne darunter ziehen.

CHESTNUT-SMOKED, LUKEWARM BREAST OF PHEASANT WITH SWEET MARINATED GRAPES

POITRINE DE FAISAN TIÈDE FUMÉE AUX CHÂTAIGNES ACCOMPAGNÉE DE RAISIN DOUX MARINÉ

INGRÉDIENTS

4	*poitrines de faisan de 80 à 100 g*
100 g	*de châtaignes*
60 g	*de copeaux de hêtre*
10 g	*d'aiguilles de romarin*
1	*feuille de laurier*
4	*baies de genièvre*
150 g	*de raisin*
70 g	*de sucre*
50 ml	*de vinaigre balsamique blanc*
10 g	*de gingembre*
20 g	*de pignons grillés*

Préparation

Concasser les châtaignes et les mélanger aux autres ingrédients, excepté les poitrines de faisan, mettre le tout dans un fumoir et l'allumer. Saisir les poitrines de faisan, les placer sur une grille et les glisser dans le fumoir chaud durant 15 minutes environ.

Caraméliser le sucre, couper en deux les grains de raisin et ajouter, laisser reposer un instant avant de déglacer au vinaigre. Ajouter le gingembre, cuire légèrement jusqu'à liaison. Saler et poivrer, puis laisser reposer encore un peu. Ajouter les pignons grillés immédiatement avant de servir.

INGREDIENTS

4	*pheasant breasts of approximately 80–100 g each*
100 g	*edible chestnuts*
60 g	*beech shavings*
10 g	*rosemary needles*
1	*bay leaf*
4	*juniper berries*
150 g	*grapes*
70 g	*sugar*
50 ml	*white balsamic vinegar*
10 g	*ginger*
20 g	*roasted pine nuts*

Preparation

Mince the chestnuts and mix with all ingredients except the pheasant breasts. Place in a smoker and heat. Lightly brown the pheasant breasts, place them on a grill and smoke for approximately 15 minutes.

Caramelise the sugar and add the grapes, which have been sliced in half. Simmer until the mixture starts to bind. Season with salt and pepper and allow to steep. Mix in the pine nuts just before serving.

LAMM-ENTRECÔTES
IM BROTMANTEL AUF OLIVENKARTOFFEL-PÜREE

ZUTATEN

Lammentrecote

2	Lamm-Entrecôtes à 200 g
1	Ruchbrot
100 g	Kalbsbäggli
20 g	Rucola

Olivenkartoffelpüree

200 g	Kartoffeln
100 g	schwarze Oliven
20 ml	Olivenöl
	frischen Thymian

Zubereitung

Lammentrecote kurz anbraten, das Kalbfleisch und den Rucola in einen Cutter geben und zu einer Farce verarbeiten. Das Brot längs aufschneiden und die Kruste abschneiden. Entrecote mit der Farce bestreichen und im Brot einrollen, in der Pfanne goldbraun anbraten und danach für etwa 10 Minuten bei 160 Grad in den Ofen geben. 5 Minuten ruhen lassen und in feine Trachen schneiden.

Die Kartoffeln schälen, kochen und zu einem Pürree verarbeiten. Oliven zerkleinern und unter das Püree geben, Thymian und das Olivenöl unterheben und mit Salz, Pfeffer und Muskat abschmecken.

NOISETTE D'AGNEAU EN CROÛTE DE PAIN AVEC SA PURÉE DE POMMES DE TERRE AUX OLIVES

INGRÉDIENTS

Noisette d'agneau

2	noisettes d'agneau de 200 g
1	pain bis
100 g	de joue de veau
20 g	de roquette

Purée de pommes de terre aux olives

200 g	de pommes de terre
100 g	d'olives noires
20 ml	d'huile d'olive
	thym frais

Préparation

Saisir la noisette de veau. Pour la farce, hacher les joues de veau et la roquette au hachoir. Couper le pain en deux dans la longueur et en retirer la croûte. Recouvrir la noisette de veau de farce, la placer sur une moitié du pain avant de le refermer. Faire dorer à la poêle, puis glisser au four à 160° durant 10 minutes environ. Laisser reposer 5 minutes et couper en fines tranches.

Peler les pommes de terre, les cuire et les passer au presse-purée. Hacher grossièrement les olives et les ajouter à la purée, incorporer le thym et l'huile d'olive. Assaisonner de sel, de poivre et de muscade.

LAMB ENTRECOTE IN A BREAD CRUST OVER OLIVE-POTATO PURÉE

INGREDIENTS

Lamb entrecote

2	lamb entrecotes of 200g each
1	loaf of brown bread
100 g	braised veal
20 g	arugula

Olive Potato Purée

200 g	potatoes
100 g	black olives
20 ml	olive oil
	Fresh thyme

Preparation

Quickly brown the lamb entrecotes. Blend the veal and arugula in the food processor to make a farce. Cut the bread lengthwise and remove the crusts. Spread the farce over the lamb entrecotes. Roll inside the bread and fry until golden brown. Roast in the oven for approximately 10 minutes at 160 degrees. Remove from the oven and leave to rest for 5 minutes. Cut the meat into fine slices. Peel the potatoes, boil and purée. Mince the olives and mix into the potatoes. Add the thyme and olive oil. Season with salt, pepper and nutmeg.

TRILOGIE D'ABRICOTS DU VALAIS COMPOSÉE D'UN PARFAIT, D'UNE CRÈME BRÛLÉE ET D'UN BEIGNET

INGRÉDIENTS

Parfait

2	œufs
80 g	de sucre
3 dl	de crème fouettée
100 g	d'abricots

Crème Brûlée

2 dl	de crème
1,5 dl	de lait
1	bâton de cannelle
	zeste de citron
2	jaunes d'œufs
60 g	de sucre
20 g	de fécule
50 g	d'abricots

Beignet

4	abricots
20 g	de massepain
90 g	de farine
1,5 dl	de vin blanc
1	œuf

Préparation parfait
Battre les œufs et le sucre au bain-marie, puis faire refroidir en continuant de battre dans un bain-marie d'eau glacée. Couper les abricots en petits morceaux et les ajouter à l'appareil. Pour terminer, incorporer délicatement la crème fouettée. Remplir des moules de son choix et placer au congélateur durant au moins 6 heures.

Crème Brûlée
Bien mélanger le jaune d'œuf, le sucre et la fécule dans une jatte. Porter la crème, le lait, le bâton de cannelle et le zeste de citron à ébullition, puis passer à la passoire fine au-dessus de l'appareil. Battre le tout en crème au bain-marie. Couper les abricots en petits morceaux, les ajouter à l'appareil, puis verser dans de petits bols. Lorsque la crème a refroidi, la saupoudrer de sucre de canne, puis caraméliser au moyen d'un petit chalumeau.

Beignet
Pour la pâte, bien mélanger la farine, le vin blanc et l'œuf, puis laisser reposer quelques instants. Couper les abricots en deux et les farcir de massepain. Rouler les abricots dans la pâte et les dorer à la friteuse à 170°.

TRILOGY OF VALAIS APRICOTS CONSISTING OF PARFAIT, CRÈME BRÛLÉE AND BAKED APRICOTS

INGREDIENTS

Parfait

2	eggs
80 g	sugar
3 dl	cream
100 g	apricots

Crème Brûlée

2 dl	cream
1,5 dl	milk
	Cinnamon stick
	Lemon peel
2	egg yolks
60 g	sugar
20 g	starch
50 g	apricots

Baked Apricots

4	apricots
20 g	marzipan
90 g	flour
1,5 dl	white wine
1	egg

Preparation Parfait
Beat the eggs and sugar over a water bath warm then cold. Finely chop the apricots and stir into the mix. Carefully fold in the whipped cream. Fill moulds of your choice with the parfait and freeze for at least 6 hours.

Crème Brûlée
Thoroughly mix the egg yolk, sugar and starch in a bowl. Boil together the cream, milk, cinnamon stick and lemon peel. Pass through a sieve and into the egg mixture. Pour into small bowls. Once the mixture has cooled, sprinkle with cane sugar and caramelise with a small torch.

Baked Apricots
For the batter: mix together the flour, white wine and egg and leave to stand. Halve the apricots and fill with marzipan. Coat the apricots in the batter and fry in oil until golden brown.

TRILOGIE VON WALLISER APRIKOSEN BESTEHEND AUS PARFAIT, UND GEBACKENER APRIKOSE

ZUTATEN

Parfait

2	Eier
80 g	Zucker
3 dl	Rahm
100 g	Aprikosen

Crème Brûlée

2 dl	Rahm
1,5 dl	Milch
	Zimtstange
	Zitronenschale
2	Eigelb
60 g	Zucker
20 g	Stärke
50 g	Aprikosen

Gebackene Aprikose

4	Aprikosen
20 g	Marzipan
90 g	Mehl
1,5 dl	Weisswein
1	Ei

Zubereitung Parfait

Eier und Zucker im Wasserbad warm aufschlagen und danach im Eiswasser wieder kalt schlagen. Aprikosen klein scheiden und unter die Masse heben. Zum Schluss den geschlagenen Rahm vorsichtig unterheben und in die von Ihnen gewünschten Formen abfüllen. Für mindestens 6 Stunden in den Tiefkühlschrank geben.

Crème Brûlée

Eigelb, Zucker und Stärke in einer Schüssel gut vermischen. Rahm, Milch, Zimtstange und Zitronenschale aufkochen und durch ein Sieb auf die Eimasse geben. Im Wasserbad cremig rühren. Die Aprikosen klein schneiden und unter die Masse heben, danach in kleine Schalen abfüllen. Wenn die Masse abgekühlt ist, mit Rohrzucker bestreuen und diesen mit einem Bunsenbrenner karamellisieren.

Gebackene Aprikose

Für den Teig Mehl, Weisswein und Ei gut verrühren und ein wenig stehen lassen. Aprikose halbieren und mit Marzipan füllen. Die Aprikosen im Teig wenden und in der 170 Grad heissen Fritteuse goldgelb ausbacken.

Restaurant
Findlerhof

Heidi und Franz Schwery, Gastgeber und Inhaber

Restaurant Findlerhof
«Choyer notre clientèle en l'accueillant chaleureusement et en lui servant des mets simples, frais et naturels, tel est notre credo!

Notre établissement, un chalet rustique, s'élève dans un décor enchanteur au beau milieu du domaine skiable et du réseau de chemins pédestres. Il est le rendez-vous des amateurs de cuisine montagnarde traditionnelle comme des fins palais. Nos spécialités vont des plats typiques valaisans à base de fromage d'alpage, röstis, salades du jardin en passant par les pâtes aux scampis, risottos, côtelettes de veau bio aux coupes de baies et de fruits, tiramisu, etc. Notre cave fait elle aussi toute notre fierté.»

Restaurant Findlerhof
«Unser Credo lautet: Mit grossem persönlichen Engagement und einfachen, frischen und natürlichen Gerichten für jeden Geschmack den Gast verwöhnen!

Unser Haus, ein Rustico im Wander- und Skigebiet mit nettem Ambiente. Treffpunkt für Liebhaber der traditionellen Bergküche und für Gourmets mit gehobenen Ansprüchen. Gepflegter Weinkeller auf hohem Niveau. Spezialitäten: Vom einfachen Walliser Gericht wie Bergkäse, Rösti, gartenfrischen Salaten über Pasta mit Scampis, Risottos, Kalbskoteletten vom Biobauer bis zum Früchte-Beerenteller, Tiramisu …»

Restaurant Findlerhof
«We aim to spoil our guests with simple, fresh and natural dishes that have been prepared for every taste and with great personal commitment.

Our restaurant has a pleasant atmosphere and is located in a rustic cottage set in the hiking and ski area. It is a meeting point for both lovers of traditional mountain cuisine and gourmets with high expectations. We have a well stocked wine cellar with top quality wines and serve specialities ranging from simple local dishes such as mountain cheese, rösti, and garden fresh salads to pasta with scampi, risotto, chops from free range veal, fruit and berry plates, tiramisu and more.»

SOUPE DE POISSON
À LA «PROVENÇALE»

FISH SOUP «PROVENCALE»

INGRÉDIENTS

600–700 g	de filets de poissons mixtes, p. ex. loup de mer, rascasse, baudroie, rouget barbet, vivaneau
8	crevettes géantes décortiquées
8	moules
2	oignons
3	ails
2	carottes moyennes coupées en rondelles
1	poireau
1	courgette
2	choux-fleurs coupés en rosettes
½	céleri en branche émincé
2	feuilles de laurier
1	branchette de thym
	ciboulette grossièrement hachée, aneth, cerfeuil, persil
1 c.c.	de poivre de Cayenne
1 pincée	de safran en poudre

Préparation
Bien laver à l'eau froide le poisson, les crevettes et les moules préalablement bien nettoyées et égoutter. Saler et poivrer, mariner avec un peu d'huile d'olive et le jus d'un ½ citron. Etuver les légumes émincés dans de l'huile d'olive, ajouter les herbes aromatiques, déglacer avec 1,5 dl de vin blanc sec, ajouter environ 8 dl de bouillon de légumes et laisser mijoter 12 minutes, réduire le feu, ajouter le poisson et les scampis égouttés, et laisser sur le feu environ 5 minutes. Ajouter les moules jusqu'à ce qu'elles s'ouvrent, garnir d'aneth et de persil.

INGREDIENTS

600–700 g	mixed fish fillets, i.e. sea bass, scorpion fish, monkfish, red snapper
8	peeled giant shrimp
8	mussels
2	onions
3	cloves garlic
2	medium carrots sliced in discs
1	leek
1	zucchini
2	cauliflowers sliced into small rosettes
½	celery stalk chopped into small pieces
2	bay leaves
1	sprig thyme
	Small amount chopped chives, dill, chervil and parsley
1 tsp	cayenne pepper
1 tiny pinch	saffron powder

Preparation
Rinse the fish, giant shrimp and scrubbed mussels in cold water and drain well. Season with salt and pepper. Marinate in a small amount of olive oil and the juice of ½ lemon. Gently fry the sliced vegetables in olive oil. Add the seasonings and deglaze with 1.5 dl dry white wine. Simmer in approximately 8 dl vegetable bouillon for 12 minutes. Reduce the heat. Add the drained fish and giant shrimp. Allow to steep for approximately 5 minutes. Add the mussels and allow them to cook until the shells open. Garnish with dill and parsley.

FISCHSUPPENTOPF «PROVENCALE»

ZUTATEN

600–700 g	Gemischte Fischfilets, z.B. Loup de Mer (Wolfsbarsch), Rotbarsch (Rascasse), Seeteufel (Baudroie), Rotbarbe (Rouget barbet), Red Snapper
8	Riesencrevetten ohne Schale
8	Miesmuscheln
2	Zwiebeln
3	Knoblauch
2	Mittlere Karotten in Ringe geschnitten
1	Lauch
1	Zucchetti
2	Blumenkohl in kleine Rosetten schneiden
½	Stangensellerie in kleine Stücke schneiden
2	Lorbeerblätter
1 Zweiglein	Thymian,
wenig	gehackter Schnittlauch, Dill, Kerbel und Petersilie
1 Tl	Cayennepfeffer
1 Msp.	Safranpulver

Zubereitung

Fisch, Riesencrevetten und Muscheln (gut putzen) mit kaltem Wasser gut waschen und abtropfen. Mit Salz und Pfeffer würzen, mit wenig Olivenöl und einer ½ Zitrone marinieren. Geschnittenes Gemüse in Olivenöl andämpfen, Gewürze beigeben, mit 1,5 dl trockenem Weisswein ablöschen, mit ca. 8 dl Gemüsebouillon während 12 Minuten leicht köcheln. Hitze reduzieren, abgetropfte Fische und Scampis beigeben, ca. 5 Minuten lang leicht ziehen lassen. Miesmuscheln beigeben bis sie sich öffnen, mit Dill und Petersilie garnieren.

CÔTELETTE DE VEAU FERMIÈRE BIO AVEC SON BEURRE DE CITRON AU POIVRE ROSE

INGRÉDIENTS

Côtelette de veau

4	côtelettes de veau de 250 g, de préférence avec l'os
3 c.s.	d'huile d'olive
1 branchette	de thym
1 branchette	de romarin
1	feuille de laurier
1	gousse d'ail pressée
1 c.c.	de poivre noir concassé

Asperges

12	asperges vertes, d'épaisseur moyenne
1	citron
30 g	de beurre
2 c.s.	de sucre
1 pincée	de sel

Pâtes au safran

300 g	de farine
3	œufs
1 pincée	de safran en poudre
2 c.s.	d'huile olive
1 pincée	de sel
1,5 dl	d'eau

Beurre de citron

50 g	de beurre
2 c.s.	d'huile olive
1	citron, jus et un peu de zeste
	poivre rose
	ciboulette hachée

Préparation côtelettes de veau
La veille, enduire les côtelettes d'huile d'olive et assaisonner, et laisser mariner une nuit. Bien les égoutter, saler et poivrer. Griller 4 minutes de chaque côté dans une poêle-gril très chaude, puis glisser au four préchauffé à 80° durant 10 minutes.

Asperges
Peler la base des asperges, puis les cuire al dente avec le reste des ingrédients dans de l'eau salée, pendant environ 8 minutes.

Pâtes au safran
Former une fontaine avec la farine. Battre l'eau, l'huile d'olive, les œufs, le sel et le safran et verser dans la fontaine. Pétrir la pâte à la main durant un quart d'heure environ, jusqu'à ce qu'elle soit tendre. Laisser reposer une demi-heure. Petit conseil: il vaut mieux acheter des pâtes fraîches ou non dans le commerce, car les faire soi-même s'avère laborieux.

Beurre de citron
Chauffer légèrement tous les ingrédients dans une poêle, ajouter le poivre rose séché et la ciboulette.

FREE RANGE VEAL CHOPS WITH LEMON BUTTER AND PINK PEPPERCORNS

INGREDIENTS

Veal Chops

4	veal chops of 250 g each, if possible with bone
3 tbsp	olive oil
1 sprig	thyme
1 sprig	rosemary
1	bay leaf
1	clove garlic, pressed
1 tsp	roughly ground black pepper (Guanaja Valrhona)

Asparagus

12	medium sized green asparagus stalks
1	lemon
30 g	butter
2 tbsp	sugar
1 pinch	salt

Saffron Noodle Dough

300 g	flour
3	eggs
1 tiny pinch	saffron powder
2 tbsp	olive oil
1 pinch	salt
1,5 dl	water

Lemon Butter

50 g	butter
2 tbsp	olive oil
1	lemon, juice and some grated peel
	Pink peppercorns
	Chopped chives

Preparation Veal Chops
Marinate the chops with olive oil and seasonings overnight. Drain well and season with salt and pepper. Sauté in a hot grill pan for 4 minutes on both sides. Leave to rest in a hot oven at 80 degrees for 10 minutes.

Asparagus
Peel the lower part of the asparagus stalks. Cook with the remaining ingredients for approximately 8 minutes or until just firm.

Saffron Noodles
Form a well in the flour. Beat together the olive oil, eggs, salt and saffron powder. Pour into the well. Knead the dough by hand for approximately 15 minutes until it becomes soft. Leave to rest for 30 minutes. We recommend that you buy fresh or dried noodles from the delicatessen, as self-made noodles are too time-consuming.

Lemon Butter
Lightly warm the ingredients in a pan. Add the dried pink peppercorns and the chopped chives.

KALBSKOTELETTEN VOM BIOBAUER AN ZITRONENBUTTER UND ROSA PFEFFER

ZUTATEN

Kalbskotelett

4	Kalbskoteletten zu je 250 g, möglichst mit Knochen
3 El	Olivenöl
1 Zweiglein	Thymian
1 Zweiglein	Rosmarin
1	Lorbeerblatt
1	Knoblauchzehe, gepresst
1 Tl	grobgehackter, schwarzer Pfeffer (Guanaja Valrhona)

Spargel

12	grüne Spargeln, mittelgross
1	Zitrone
30 g	Butter
2 El	Zucker
1 Prise	Salz

Safrannudelteig

300 g	Mehl
3	Eier
1 Msp.	Safranpulver
2 El	Olivenöl
1 Prise	Salz
1,5 dl	Wasser

Zitronenbutter

50 g	Butter
2 El	Olivenöl
1	Zitrone, Saft und etwas abgeriebene Schale
	Rosa Pfeffer
	Schnittlauch, gehackt

Zubereitung Kalbskoteletten

Koteletten mit Olivenöl und Gewürzen über Nacht marinieren. Gut abtropfen, mit Salz und Pfeffer würzen. Auf heisser Grillpfanne beidseitig 4 Minuten anbraten, dann im heissen Ofen bei 80 Grad 10 Minuten ziehen lassen.

Spargel

Den unteren Teil der Spargeln schälen, in Salzwasser mit den restlichen Zutaten knackig kochen, ca. 8 Minuten.

Safrannudeln

Mehl zu einem Ring formen. Wasser, Olivenöl, Eier, Salz und Safranpulver verklopfen, in die Mehlmulde geben. Teig von Hand während ca. 15 Minuten kneten bis er zart wird. 30 Minuten ruhen lassen. Empfehlung: Frische oder getrocknete Nudeln im Detailhandel kaufen (selbstgemacht ist aufwändig).

Zitronenbutter

Alle Zutaten in der Pfanne leicht erwärmen, getrockneter Rosa Pfeffer mit gehacktem Schnittlauch hinzufügen.

FRÜCHTE- UND BEEREN-TELLER AN IRISH CREAM

ZUTATEN

Beerenteller

	Frische Sommerfrüchte z.B. Nektarinen, Aprikosen, Birnen, Zwetschgen, Kirschen
	Beeren z.B. Erbeeren, Himbeeren, Brombeeren, Heidelbeeren, Johannisbeeren
4 dl	Vanillesauce
0,5 dl	Irish Cream
1 El	Puderzucker
je 1 El	Orangen- und Zitronensaft

Vanillesauce

4 dl	Milch
2	Vanillestengel, längsgeschnitten, ausschaben
40 g	Zucker
2	Eigelb
1Tl	Kartoffelstärke

Zubereitung Beerenteller

Früchte in Fächer schneiden, mit Orangen- und Zitronensaft leicht marinieren, auf Tellerrand verteilen. In der Tellermitte die vermischte lauwarme Vanillesauce und Irish Cream anrichten, mit den Beeren dekorieren und mit Puderzucker bestäuben. Nach Belieben je eine kleine Kugel Eis beigeben.

Vanillesauce

Alle Zutaten in eine Pfanne geben, mit dem Schwingbesen gut verrühren, zum Kochen bringen. Passieren, Irish Cream beigeben.

FRUIT AND BERRY PLATE WITH IRISH CREAM

INGREDIENTS

Berry Plate

	Fresh summer fruits: i.e. nectarines, apricots, pears, plums, cherries
	Berries: i.e. strawberries, raspberries, blackberries, blueberries, red currants
4 dl	*vanilla sauce*
0.5 dl	*Irish Cream*
1 tbsp	*powder sugar*
1 tbsp each	*orange and lemon juice*

Vanilla Sauce

4 dl	*milk*
2	*vanilla beans, cut length-wise with seeds scraped out*
40 g	*sugar*
2	*egg yolks*
1tsp	*potato starch*

Preparation Berry Plate

Slice the fruit into fans. Lightly marinate with the orange and lemon juices. Arrange on plates. Pour the vanilla sauce-Irish Cream mix into the middle of the plates. Decorate with berries and dust with powder sugar. If desired, add a small scoop of vanilla ice cream.

Vanilla Sauce

Pour the ingredients into a pan, whisk and bring to a boil. Sieve and add the Irish Cream.

ASSIETTE DE FRUITS ET BAIES AVEC CRÈME IRLANDAISE

INGRÉDIENTS

Assiette de baies

	Fruits frais d'été tels que nectarines, abricots, poires, pruneaux, cerises et baies telles que fraises, framboises, mûres, myrtilles, groseilles
4 dl	*de sauce vanille*
0,5 dl	*de crème de whisky*
1 c.s.	*de sucre en poudre*
1 c.s.	*de jus d'orange et de citron*

Sauce vanille

4 dl	*de lait*
2	*gousses de vanille, fendues dans la longueur et évidées*
40 g	*de sucre*
2	*jaunes d'œufs*
1 c.c.	*de fécule de pommes de terre*

Préparation sauce vanille

Mettre tous les ingrédients dans une casserole et porter à ébullition en fouettant énergiquement. Passer et ajouter la crème de whisky.

Assiette de fruits

Couper les fruits en éventail et les mariner brièvement dans le jus d'orange et de citron avant de les disposer sur le bord de l'assiette. Au milieu de l'assiette, verser la sauce vanille tiède mélangée à la crème de whisky, puis décorer avec les baies et le sucre en poudre. Selon les goûts, servir avec une petite boule de glace.

Chez Heini

Koni Andenmatten, Chef de cuisine

Dan Daniell, Direktion

Chez Heini
Liebe Gäste

17 Jahre – Ich will frei sein – I have a dream – Traumfabrik
Matterhorn – Monte Rosa – Stimme der Berge
Diese Nacht – 1001 Nacht – Am Himmel stejt en Stäre
Lieber Gott – Vater Unser – Wieder einmal ganz allein
Mutterliebe – Ma mère chantait toujour – Hymne à l'amitié
Vater – Der Schäfer von Prato Borni – Es gibt einen Stern
Kind – Power Frauen – Alles hat ein Ende
Männertreu – Verbotene Liebe
Geblendet vom Licht – Meine Seele brennt
Spieglein an der Wand – Spiel noch einmal – Jenseits der Nacht
Liebe ist – Frei sein – Ich habe einen Baum ausgerissen
Babylon – Was wäre wenn
Klostergeist – Durch die Hölle gehen
Benedictus – Irgendwer, irgendwann – Bleib bei mir, stell keine Fragen
Lacht nur – Freunde Lügen nicht
Wenn ich dann gehen muss – Bye Bye

Dan Daniell

FLAMBIERTE LAMMLEBER MIT SALATBUKETT

ZUTATEN

Lammleber

400 g	Lammleber
1	feingehackte Zwiebel
2 El	Olivenöl
25 cl	Cognac
2 dl	braune Bratensauce
100 g	Schlagrahm
	Salz und Pfeffer

Sauce und Salatbukett:

2 El	Aceto Balsamico
1 Tl	Senf
	Salz und Pfeffer
2 El	kaltgepresstes Olivenöl
4 Blatt	Batavia
4 Blatt	Eichblatt
4 Blatt	Lollo rot
4 Blatt	gekrauste Endivie
4 Blatt	Brüsseler Endivie
50 g	Nüsslersalat

Zubereitung Lammleber

Lammleber in dünne Scheiben schneiden. Olivenöl in einer Bratpfanne erhitzen, die feingeschnittene Lammleber und die feingehackte Zwiebel kurz anziehen. Mit Salz und Pfeffer würzen. Mit Cognac ablöschen und flambieren. Braune Sauce dazugeben und mit Schlagrahm verfeinern. Darf nicht mehr kochen!

Sauce und Salatbukett

Aceto Balsamico mit Senf, Salz und Pfeffer verrühren, kaltgepresstes Olivenöl langsam hineinrühren. Salatblätter waschen, trocknen und auf 4 Teller bukettförmig anrichten. Mit Salatsauce nappieren. Die Lammleber dazu anrichten.

FOIE D'AGNEAU FLAMBÉ
AVEC SON BOUQUET DE SALADE

INGRÉDIENTS

Foie d'agneau

400 g	*de foie d'agneau*
1	*oignon haché*
2 c.s.	*d'huile d'olive*
25 cl	*de cognac*
2 dl	*de sauce brune*
100 g	*de crème fouettée*
	sel et poivre

Sauce et bouquet de salade

2 c.s.	*de vinaigre balsamique*
1 c.c.	*de moutarde*
	sel et poivre
2 c.s.	*d'huile d'olive pressée à froid*
4 feuilles	*de salade batavia*
4 feuilles	*de salade de chêne*
4 feuilles	*de salade lollo rouge*
4 feuilles	*d'endive frisée*
4 feuilles	*d'endive de Bruxelles*
50 g	*de doucette*

Préparation foie d'agneau

Trancher le foie d'agneau en fines lamelles. Chauffer l'huile d'olive dans une poêle, y saisir brièvement les fines lamelles de foie et l'oignon finement haché. Saler et poivrer. Déglacer au cognac, puis flamber. Arroser de sauce brune et affiner avec la crème fouettée. Ne doit plus cuire!

Sauce et bouquet de salade

Mélanger le vinaigre balsamique avec la moutarde, le sel et le poivre, ajouter lentement l'huile d'olive pressée à froid. Laver les feuilles de salade, les essorer, puis les disposer sur l'assiette de sorte à former un bouquet. Napper de sauce à salade. Dresser le foie d'agneau à côté.

FLAMBÉED LAMB'S LIVER WITH SALAD BOUQUET

INGREDIENTS

Lamb's Liver

400 g	*lamb's liver*
1	*finely chopped onion*
2 tbsp	*olive oil*
25 cl	*Cognac*
2 dl	*brown sauce*
100 g	*whipping cream*
	Salt and pepper

Salad Bouquet and Dressing

2 tbsp	*balsamic vinegar*
1 tsp	*mustard*
	Salt and pepper
2 tbsp	*cold pressed olive oil*
4 leaves	*Batavia lettuce*
4 leaves	*Oak Leaf lettuce*
4 leaves	*Lollo Rosso lettuce*
4 leaves	*Curly endive*
4 leaves	*Brussels endive*
50 g	*Lamb's lettuce*

Preparation Lamb's Liver

Slice the lamb's liver into thin disks. Heat the olive oil in a frying pan. Briefly fry the finely sliced lamb's liver with the finely chopped onion. Season with salt and pepper. Deglaze with the cognac and flambé. Add the brown sauce and refine with cream. Do not allow to cook further!

Sauce and Salad Bouquet

Mix the balsamic vinegar with mustard, salt and pepper. Slowly stir in the cold pressed olive oil. Wash and dry the salad leaves. Arrange in a bouquet on 4 plates. Cover with the salad dressing. Arrange the lamb's liver next to the salad.

KÜRBISKERNPARFAIT MIT BROMBEERKOMPOTT

ZUTATEN

Parfait

2	Eier
1 El	Wasser
100 g	Zucker
50 g	karamelisierte und fein gehackte Kürbiskerne
2 El	Kürbiskernöl
150 g	Schlagrahm

Brombeerkompott

200 g	Brombeeren
2 dl	Brombeersauce
	Minzblättchen
	Staubzucker

Zubereitung

Eier, Zucker und Wasser in einer Schüssel über einem heissen Wasserbad cremig aufschlagen. Schüssel vom Feuer nehmen und die Masse kalt schlagen. Den steifgeschlagenen Rahm unter die Eiermasse mischen. Zum Schluss das Kürbiskernöl und die Kürbiskerne unter die Masse heben. Eine beliebige Form mit Frischhaltefolie auskleiden, das Parfait einfüllen und während 6 Stunden tiefkühlen.

Brombeersauce leicht erwärmen und die Brombeeren dazugeben. Lauwarmes Kompott auf den Teller anrichten. Kürbisparfait dazulegen, ausgarnieren und sofort servieren.

PARFAIT AUX GRAINES DE COURGE AVEC SA COMPOTE DE MÛRES

Préparation

Battre les œufs avec le sucre et l'eau dans une jatte au bain-marie jusqu'à obtention d'une consistance onctueuse. Retirer la jatte de la source de chaleur et battre l'appareil jusqu'à ce qu'il refroidisse. Mélanger délicatement la crème fouettée ferme à l'appareil, puis ajouter l'huile de pépin de courge et les graines de courge. Habiller le moule de son choix d'un film cellophane, y verser le parfait et mettre au congélateur durant 6 heures.

Chauffer légèrement la sauce aux mûres et y ajouter les mûres. Dresser la compote encore tiède sur l'assiette, y placer ensuite le parfait, garnir et servir immédiatement.

INGRÉDIENTS

Parfait

2	œufs
1 c.s.	d'eau
100 g	de sucre
50 g	de graines de courge caramélisées et finement hachées
2 c.s.	d'huile de pépin de courge
150 g	de crème fouettée

Compote de mûres

200 g	de mûres
2 dl	de sauce aux mûres
	feuilles de menthe
	sucre en poudre

PUMPKIN SEED PARFAIT WITH BLACKBERRY COMPOTE

INGREDIENTS

Parfait

2	eggs
1 tbsp	water
100 g	sugar
50 g	finely chopped, caramelised pumpkin seeds
2 tbsp	pumpkin seed oil
150 g	whipping cream

Blackberry compote

200 g	blackberries
2 dl	blackberry sauce
	Mint leaves
	Powder sugar

Preparation

Whisk the eggs and sugar over a hot water bath until creamy. Remove the bowl from the heat and beat the mixture until cold. Fold in the whipped cream. Stir in the pumpkin seeds and oil. Line a mould with plastic wrap, fill with parfait and freeze for 6 hours. Gently heat the blackberry sauce and add the blackberries. Arrange the parfait and lukewarm compote on the plates, garnish and serve immediately.

Romantik
Hotel Julen

Daniela und Paul Julen, Patron

Jo Lackner, Chef de cuisine

Romantik Hotel Julen

«Ich versuche die klassische Küche mit anderen Kochkulturen sowie eigenen Ideen und Vorstellungen zu mischen. Kochen unterliegt gewissen «Grundrezepturen». Die Kreativität des einzelnen Kochs entscheidet über das Gelingen eines Gerichtes zur Zufriedenheit der Gäste.»

Romantik Hotel Julen

«J'essaie de marier la cuisine traditionnelle à d'autres arts culinaires et d'y ajouter mes propres idées. La cuisine est certes tributaire de certaines «recettes de base», mais la créativité de chaque chef contribue avant tout à la réussite d'un plat, pour le plus grand plaisir des hôtes.»

Romantic Hotel Julen

«I try to combine classical cooking with other culinary ideologies as well as my own ideas and creations. Cooking is bound to certain basic formulae. The creativity of the chef is what determines the success of a dish and the satisfaction of the guest.»

WEISSWEINSUPPE MIT GETROCKNETEN APRIKOSEN

ZUTATEN

30 g	Zwiebel, fein geschnitten
20 g	Butter
10 g	Mehl
⅛ l	Gemüsebrühe
½ l	Weisswein
⅛ l	Rahm
	Salz und Pfeffer
1	Gewürznelke
1	kleines Stück Zimtrinde
8	getrocknete Aprikosen

Zubereitung

Die fein geschnittene Zwiebel in der Butter anlaufen lassen und mit dem Mehl bestäuben. Die Gemüsebrühe und den Weisswein dazu geben und einige Minuten kochen. Den Rahm und die Gewürze beigeben und auf kleiner Flamme während ca. 10 Minuten weiter kochen lassen. Durch ein feines Sieb laufen lassen und anrichten. Aprikosen in Würfel schneiden, in der Pfanne leicht rösten und auf die Suppe geben. Je nach der gewünschten Konsistenz der Suppe etwas mehr oder weniger Mehl verwenden.

SOUPE AU VIN BLANC
ACCOMPAGNÉE D'ABRICOTS SECS

INGRÉDIENTS

30 g	d'oignon finement haché
20 g	de beurre
10 g	de farine
⅛ l	de bouillon de légumes
½ l	de vin blanc
⅛ l	de crème
	sel et poivre
1	clou de girofle
1	un petit morceau d'écorce de cannelle
8	abricots secs

Préparation

Faire suer l'oignon haché dans le beurre et saupoudrer de farine. Verser le bouillon de légumes et le vin blanc et cuire quelques minutes. Incorporer la crème et les épices et poursuivre la cuisson à petit feu pendant environ 10 minutes. Passer à la passoire fine, puis répartir dans les assiettes. Couper les abricots en dés, les poêler légèrement et les ajouter à la soupe. Modifier la quantité de farine en fonction de la consistance souhaitée.

WHITE WINE SOUP WITH DRIED APRICOTS

INGREDIENTS

30 g	finely chopped onion
20 g	butter
10 g	flour
⅛ l	vegetable stock
½ l	white wine
⅛ l	cream
	Salt and pepper
1	clove
1	small piece of cinnamon stick
8	dried apricots

Preparation

Gently fry the finely chopped onion in the butter and dust with the flour according to the desired soup consistency. Cover with the vegetable stock and the white wine and simmer for several minutes. Add the cream and the clove and simmer on low heat for a further 10 minutes. Pass through a fine sieve and serve. Chop the apricots into cubes. Lightly sauté in a saucepan and add to the soup.

TOMATE FARCIE DE CREVETTES GÉANTES SUR LIT D'ÉPINARDS EN PAPILLOTE DE PÂTE DE RIZ

INGRÉDIENTS

4	tomates
80 g	d'épinards en branches (congelés)
1	oignon
16	crevettes géantes
4	feuilles de pâte de riz
1	citron
	sel et poivre
	un peu de poudre de curry
1	œuf pour paner
	un peu de farine et de panure

Préparation

Couper les tomates en deux et les épépiner. Faire revenir les épinards en branches dans un peu de beurre avec les oignons, saler et poivrer. Farcir les tomates d'épinards. Epicer les crevettes décortiquées de sel, de poivre et d'un peu de curry, les arroser du jus d'un citron, puis les saisir brièvement à feu vif. Poser ensuite les crevettes dans les tomates farcies d'épinards et emballer le tout dans une feuille de pâte de riz. Paner les 5 cm du bas et plonger rapidement dans l'huile chaude avant d'enfourner à 180° pendant 5 minutes.

GIANT SHRIMP WITH SPINACH AND TOMATO BAKED IN A RICE FLOUR SHELL

INGREDIENTS

4	tomatoes
80 g	frozen spinach leaves
1	onion
16	giant shrimp
4	rice flour wraps
1	lemon
	Salt and pepper
	Small amount of curry powder
1	egg for breadcrumbs
	Small amount of flour and breadcrumbs

Preparation

Halve the tomatoes and remove the seeds. Gently fry the spinach and onion in butter. Season with salt and pepper. Stuff the tomato with the spinach. Peel the giant shrimp and season with salt, pepper and curry powder. Add the lemon juice and fry quickly on high heat. Place the cooked shrimp on the spinach and wrap in the rice flour wrap. Coat the lower 5 cm in breadcrumbs and quickly dip in hot fat. Bake in the oven for a further 5 minutes at 180 degrees.

RIESENCREVETTEN AUF BLATTSPINAT IN DER TOMATE, IM REISTEIG GEBACKEN

ZUTATEN

4	Tomaten
80 g	Blattspinat (tiefgekühlt)
1	Zwiebel
16	Riesencrevetten
4	Reisteigblätter
1	Zitrone
	Salz und Pfeffer
etwas	Currypulver
1	Ei zum Panieren
etwas	Mehl und Paniermehl

Zubereitung

Tomaten halbieren und von den Kernen befreien, Blattspinat mit etwas Butter und Zwiebeln anziehen, mit Salz und Pfeffer würzen und in die Tomaten einfüllen. Die Riesencrevetten ohne Schale mit Salz, Pfeffer und etwas Currypulver würzen, den Saft einer Zitrone dazugeben, kurz und kräftig anbraten. Die gebratenen Crevetten auf den Blattspinat setzen und in den Reisteig einpacken. Die untersten 5 cm panieren und kurz in heisses Fett tauchen, danach für weitere 5 Minuten bei 180 Grad in den Backofen stellen.

BASILIKUM-PANNA COTTA AN SÜSSER TOMATEN-AMARETTO-SAUCE

ZUTATEN

½ l	Vollrahm
3	Basilikumblätter, fein gehackt
90 g	Zucker
5 Blatt	Gelatine (à 2 g schwer)
	Vanillearoma

Sauce

300 g	Tomatensaft
90 g	Kristallzucker
4 cl	Amaretto

Zubereitung

Rahm und Zucker aufkochen, den fein gehackten Basilikum, die Gelatine und das Vanillearoma beifügen. In kleine Tassen abfüllen und während einigen Stunden kühl stellen.

Zucker karamellisieren und mit dem Tomatensaft ablöschen. Amaretto beifügen und alles leicht einkochen lassen. Sauce abkühlen lassen.

Panna cotta auf einen Teller stürzen und mit der Tomaten-Amaretto-Sauce und beispielsweise mit frischen Früchten anrichten.

INGRÉDIENTS

½ l	de crème entière
3	feuilles de basilic finement hachées
90 g	de sucre
5 feuilles	de gélatine (de 2 g)
	extrait de vanille
Sauce	
300 g	de jus de tomate
90 g	sucre cristallisé
4 cl	d'amaretto

PANNA COTTA AU BASILIC À LA SAUCE DE TOMATES DOUCES À L'AMARETTO

Préparation

Porter la crème et le sucre à ébullition, incorporer le basilic finement haché, la gélatine et l'extrait de vanille. Verser dans de petites tasses et placer quelques heures au réfrigérateur. Pour la sauce, caraméliser le sucre et déglacer au jus de tomate. Ajouter l'amaretto et cuire le tout à petit feu. Laisser refroidir. Renverser la panna cotta sur une assiette, puis garnir de sauce de tomates à l'amaretto et, par exemple, de fruits frais.

BASIL PANNA COTTA IN A SWEET TOMATO-AMARETTO SAUCE

INGREDIENTS

½ l	cream
3	finely chopped basil leaves,
90 g	sugar
5	gelatine leaves of 2 g each
	Vanilla flavouring
Sauce	
300 g	tomato juice
90 g	granulated sugar
4 cl	Amaretto

Preparation

Boil the cream with the sugar. Add the finely chopped basil, gelatine and vanilla flavouring and pour into small cups. Refrigerate for several hours. Caramelise the sugar and deglaze with the tomato juice. Add the Amaretto and simmer lightly. Allow to cool. Turn out the panna cotta onto plates and serve with the tomato Amaretto sauce and fresh fruit.

Hotel
La Ginabelle

Familie Abgottspon-Schell

Jean-Daniel Moix, Chef de cuisine

Hotel La Ginabelle

«Die Herausforderung meiner Küchenbrigade und mir ist es, die Erwartungen unserer Gäste zu übertreffen. Das Erlebnis höchsten Geschmacks und Aromas erreichen wir durch die Verwendung frischer und qualitativ hochwertiger Produkte. Beeinflusst wird meine Küche von den Gewürzen und Erzeugnissen aus dem Mittelmeerraum und meinen verschiedenen Aufenthalten im Ausland.»

Jean-Daniel Moix

Hôtel La Ginabelle

«Ma brigade et moi avons pour ambition de satisfaire pleinement aux souhaits de notre clientèle en lui faisant goûter à des saveurs sublimes obtenues à base de produits frais de qualité irréprochable. Ma cuisine est influencée par les herbes et les produits du bassin méditerranéen ainsi que par mes différents séjours effectués à l'étranger.»

Jean-Daniel Moix

Hotel La Ginabelle

«My kitchen team and I strive to exceed the expectations of our guests and to enable them to experience the best tastes and flavours. This we achieve by using fresh, high-quality produce. My cuisine is influenced by the spices and products from the Mediterranean and other parts of the world that I have visited.»

Jean Daniel Moix

GEBRATENES SEETEUFELFILET AN «MUNDER» SAFRANSAUCE UND BLAUES KARTOFFELPÜREE

ZUTATEN

400 g	Seeteufelfilet
½ dl	Fischfumet
½ dl	Trockener Weisswein
2 dl	flüssiger Rahm (1+1)
250 g	China Trüffel (Blaue Kartoffeln)
12	Cherry Tomaten
60 g	Butter
1 dl	Olivenöl
	Salz und Pfeffer
12 Fäden	Munder Safran,
	Kerbel, Rosmarin und Thymian
1	Knoblauchzehe

Zubereitung Seeteufel
Das Filet parieren und mit Salz und Pfeffer würzen. Im heissen Olivenöl jede Seite kurz anbraten. Im Ofen bei 180 Grad ca. 5 Minuten fertig backen. Am Schluss 2 Minuten stehen und ziehen lassen.

Safransauce
Weisswein und Fischfumet zur Hälfte reduzieren. Safran und 1 dl Rahm beigeben und zur gewünschten Konsistenz weiter reduzieren. Mit Salz und Pfeffer abschmecken.

Blaues Kartoffelpüree
Kartoffeln waschen und schälen. Im Salzwasser kochen bis sie weich sind. Passieren und dann pürieren. In einem Topf wärmen, 60 Gramm Butter und 1 dl Sahne beigeben. Abschmecken und warm halten.

Cherry Tomaten
Die Tomaten in 1 dl Olivenöl mit Thymian, Rosmarin und Knoblauch kandieren. Ca. 2 bis 3 Minuten im heissen Ofen ziehen lassen.

Anrichten
Eine Nocke Kartoffelpüree in der Mitte des Tellers platzieren. Die Seeteufelfilets in 8 Medaillons schneiden und je zwei auf das Püree setzen. Sauce und Tomaten dazu anrichten. Mit Kerbel und Fenchelchips ausgarnieren.

LE FILET DE BAUDROIE POÊLÉ À LA SAUCE AU «SAFRAN DE MUND» ET SA PURÉE DE POMMES DE TERRE BLEUES

Préparation baudroie
Parer le filet, puis le saler et poivrer. Le poêler des deux côtés dans de l'huile d'olive très chaude. Terminer la cuisson au four à 180° durant environ 5 minutes. Laisser ensuite reposer 2 minutes.

Sauce au safran
Faire réduire de moitié le vin blanc et le fumet de poisson. Incorporer le safran et 1 dl de crème, puis réduire jusqu'à obtention de la consistance souhaitée. Saler et poivrer.

Purée de pommes de terre bleues
Laver et peler les pommes de terre. Les cuire dans l'eau salée à l'anglaise, puis les passer au presse-purée. Chauffer la purée dans une casserole, ajouter le beurre et 1 dl de crème. Rectifier l'assaisonnement si nécessaire et réserver au chaud.

Tomates cerises
Faire candir les tomates dans le reste de l'huile d'olive avec le thym, le romarin et l'ail. Laisser infuser durant environ 2 à 3 minutes au four chaud.

Présentation
Servir un peu de purée de pommes de terre au milieu de l'assiette. Couper les filets en 8 médaillons et en placer deux à cheval sur la purée. Décorer de sauce et de tomates, puis garnir de cerfeuil et chips de fenouil.

INGRÉDIENTS

400 g	de filet de baudroie
½ dl	de fumet de poisson
½ dl	de vin blanc sec
2 dl	de crème liquide (2 x 1 dl)
250 g	de truffes de Chine (pommes de terre bleues)
12	tomates cerises
60 g	de beurre
1 dl	d'huile d'olive
	un peu de sel et de poivre
12 pistils	de safran de Mund
	cerfeuil, romarin et thym
1	gousse d'ail

ROASTED MONKFISH FILLET WITH «MUNDER» SAFFRON SAUCE AND BLUE POTATO PURÉE

INGREDIENTS

400 g	monkfish
½ dl	concentrated fish stock
½ dl	dry white wine
2 dl	cream (1dl + 1dl)
250 g	China truffles (Blue potatoes)
12	cherry tomatoes
60 g	butter
1 dl	olive oil
	Salt and pepper
12 strands	«Munder» saffron
	chervil, rosemary and thyme
1	garlic clove

Preparation Monkfish
Trim the fillet and season with salt and pepper. Quickly fry on both sides in hot olive oil, then bake in the oven for 5 minutes at 180 degrees. Let stand for 2 minutes to enhance the flavour

Saffron Sauce
Boil together the white wine and fish stock until the mixture is reduced by half. Add the saffron and 1 dl of cream and further reduce to the desired consistency. Season with salt and pepper.

Blue Potato Purée
Wash and peel the potatoes and boil in salted water until soft. Pass through a potato sieve and purée. Place in a dish and add 60 g butter and 1 dl of cream. Season to taste. Keep warm.

Cherry Tomatoes
Candy the tomatoes in 1 dl olive oil with the thyme, rosemary and garlic. Allow to steep for 2–3 minutes in a hot oven.

To serve
Place a scoop of the potato purée in the middle of the plate. Slice the monkfish into 8 medallions and arrange 2 over the purée. Add the sauce and tomatoes. Garnish with chervil and fennel chips.

LE FILET DE VEAU FARCI À LA PISTACHE, SON SABAYON À L'ESTRAGON ET SES LÉGUMES DE PRINTEMPS

INGRÉDIENTS

1	filet de veau (env. 800 g)
120 g	de crème
20 g	de pistaches grossièrement hachées
2	jaunes d'œuf
3	branches d'estragon
½ dl	de vin blanc
½ dl	de vinaigre aux herbes
5 g	de grains de poivre noir
2	échalotes
150 g	de beurre (dont 100 g fondu)
4	asperges vertes
4	carottes nouvelles
4	mini pâtissons
12	petites pommes de terre nouvelles
	sel et poivre
	un peu de cognac
	un peu de thym
	un peu d'huile d'olive

Préparation filet de veau farci
Parer le filet, couper les deux extrémités et réserver pour la farce (environ 120 g). Réduire les extrémités en purée au mixeur, incorporer la crème et former une farce. Assaisonner de sel, de poivre et de cognac, puis ajouter les pistaches. Perforer le cœur du filet et le farcir. Réserver au frais durant 1 heure. Saisir brièvement le filet à la poêle et poursuivre la cuisson au four à 170° durant 20 à 25 minutes approximativement (température au cœur 48°).

Sabayon à l'estragon
Porter le vin blanc, le vinaigre aux herbes, les échalotes, les grains de poivre et 1 branche d'estragon à ébullition, faire réduire de moitié, passer et laisser refroidir. Ajouter un jaune d'œuf à la réduction froide, puis battre au bain-marie au ruban. Epicer et ajouter le beurre fondu tout en battant au fouet. Hacher grossièrement une branche d'estragon et incorporer au sabayon.

Légumes de printemps
Eplucher les légumes et les blanchir brièvement dans l'eau salée. Juste avant de servir, passer au beurre et assaisonner. Peler les pommes de terre et les faire sauter à la poêle dans l'huile d'olive avec un peu de thym.

Présentation
Couper le filet en quatre et placer un morceau au milieu d'une assiette. Verser le sabayon tout autour et y déposer les pommes de terre et les légumes. Décorer de chips de pommes de terre et d'estragon.

STUFFED VEAL FILET WITH PISTACHIOS, TARRAGON SABAYON AND SPRING VEGETABLES

INGREDIENTS

1	veal filet (approximately 800 g)
120 g	cream
20 g	roughly chopped pistachios
2	egg yolks
3	sprigs tarragon
½ dl	white wine
½ dl	herb vinegar
5 g	black peppercorns
2	shallots
150 g	butter (100 g of which should be melted)
4	green asparagus stalks
4	young carrots
4	mini patissons
12	small new potatoes
	Salt and pepper
	Small amount of cognac
	Thyme
	Olive oil

Preparation Stuffed Veal Filet
Trim the filet, saving the ends for the stuffing (approximately 120 g). Mix the ends in the food processor. Add the cream to make a farce. Flavour with salt, pepper, cognac and mix in the pistachios. Make a hole through the middle of the filet and stuff with the farce. Chill for 1 hour. Quickly brown the filet and then roast in the oven for 20–25 minutes at 170 degrees until the meat has reached a core temperature of 48 degrees.

Tarragon Sabayon
Boil together the white wine, herb vinegar, shallots, peppercorns and 1 tarragon sprig until reduced by half, strain and chill. Beat the egg yolk with the reduction warm then cold. Whisk in the melted butter. Roughly chop one sprig of the tarragon and mix into the sabayon.

Spring Vegetables
Peel the vegetables and blanche quickly in salted water. Lightly fry in melted butter just before serving and season. Peel the potatoes and fry in olive oil with a small amount of thyme.

To Serve
Slice the filet into 4 pieces and place in the middle of the plate. Pour the sauce around the meat. Arrange the potatoes and vegetables over the sauce. Garnish with tarragon and potato chips.

GEFÜLLTES KALBSFILET MIT PISTAZIEN AN ESTRAGONSABAYON UND FRÜHLINGSGEMÜSE

ZUTATEN

1	Kalbsfilet (ca. 800 g)
120 g	Rahm
20 g	grob gehackte Pistazien
2	Eigelb
3 Zweige	Estragon
½ dl	Weisswein
½ dl	Kräuteressig
5 g	schwarze Pfefferkörner
2	Schalotten
150 g	Butter (davon 100 g flüssig)
4	grüne Spargeln
4	junge Karotten
4	Minipatissons
12	Frühkartoffeln (klein)
	Salz und Pfeffer
etwas	Cognac
etwas	Thymian
etwas	Olivenöl

Zubereitung gefülltes Kalbsfilet

Das Filet parieren, Kopf und Spitze für die Farce abschneiden (ca. 120 g). Die 120 g Filet im Mixer pürieren, den Rahm dazugeben und eine Farce erstellen. Mit Salz, Pfeffer und Cognac abschmecken und die Pistazien unterheben. Mit einem Stahl ein Loch in die Mitte des Filets stechen und mit der Farce füllen. Eine Stunde kaltstellen. Das Filet kurz anbraten und im Ofen bei 170 Grad ca. 20 bis 25 Minuten (48 Grad Kerntemperatur) fertig garen.

Estragonsabayon

Weisswein, Kräuteressig, Schalotten, Pfefferkörner und 1 Estragonzweig zusammen aufkochen, zur Hälfte reduzieren, passieren und kalt stellen. Das Eigelb mit der kalten Reduktion warm-kalt schlagen, würzen und mit der flüssigen Butter aufschlagen. 1 Zweig Estragon grob hacken und dazu mischen.

Frühlingsgemüse

Das Gemüse rüsten und kurz in Salzwasser blanchieren. Unmittelbar vor dem Anrichten kurz in Butter schwenken und würzen. Kartoffeln schälen, mit Olivenöl und ein bisschen Thymian anbraten.

Anrichten

Das Filet in 4 Stücke schneiden und in der Mitte des Tellers platzieren. Die Sauce drum herum verteilen und darauf die Kartoffeln und das Gemüse anrichten. Mit Estragon und Kartoffelchips ausgarnieren.

PASSIONSFRUCHTMOUSSE MIT HIMBEERSAUCE

ZUTATEN

175 g	Zucker
2 dl	Wasser
3 Blatt	Gelatine
100 g	Passionsfruchtpüree
100 g	geschlagener Rahm
1	Eigelb
1	Eiweiss
25 g	Mehl
2	Passionsfrüchte
200 g	Himbeeren

Zubereitung Biskuit

25 Gramm Zucker mit dem Eigelb warmkalt schlagen. 25 g Mehl und danach den Eischnee unterziehen. Die Masse dünn auf ein Silpat aufstreichen. Bei 180 Grad ein paar Minuten in den Ofen schieben, bis der Biskuit goldbraun ist. Abkühlen lassen und ovale Ringe ausstechen.

Passionsfruchtmousse

75 g Zucker und ½ dl Wasser zu einem Sirup aufkochen. 2 Blatt Gelatine dazugeben und abkühlen lassen. Das Passionsfruchtpüree und anschliessend die geschlagene Sahne unterziehen. Die Masse in die Ringe auf den Biskuit füllen. Oben einen Rand von 2 mm frei lassen.

Passionsfruchtgelee

25 Gramm Zucker, ½ dl Wasser und das Fruchtfleisch einer frischen Passionsfrucht einmal aufkochen. Die restliche Gelatine dazu mischen und abkühlen. Wenn das Gelee fast fest ist, auf die Ringe füllen und kaltstellen.

Himbeercoulis

50 Gramm Zucker karamellisieren. Mit 1 dl Wasser ablöschen, aufkochen und das Karamell komplett auflösen. Die Hälfte der Himbeeren dazu geben und 2–3 Minuten kochen. Das Ganze mixen und passieren. Reduzieren bis es die richtige Konsistenz hat. Die restlichen Himbeeren dazugeben und kalt stellen.

Anrichten

Die Mousse sorgfältig aus den Ringen ziehen und auf der Seite des Tellers anrichten. Das Coulis nach Wunsch auf den Teller garnieren. Ausgarnieren mit frischer Passionsfrucht und Dekoration.

LA MOUSSE AUX FRUITS DE LA PASSION ET SON COULIS DE FRAMBOISES

INGRÉDIENTS

175 g	de sucre
2 dl	d'eau
3	feuilles de gélatine
100 g	de purée de fruits de la passion
100 g	de crème fouettée
1	jaune d'œuf
1	blanc d'œuf
25 g	de farine
2	fruits de la passion
200 g	de framboises

Préparation biscuit
Battre au bain-marie 25 grammes de sucre avec le jaune d'œuf. Incorporer délicatement la farine d'abord, puis le blanc en neige. Etaler l'appareil en une fine couche sur une plaque Silpat. Glisser au four à 180° durant quelques minutes, jusqu'à ce que le biscuit soit doré. Laisser refroidir et découper des ovales à l'aide d'un emporte-pièce sans le retirer.

Mousse aux fruits de la passion
Cuire 75 g de sucre et ½ dl d'eau jusqu'à obtention d'un sirop. Ajouter 2 feuilles de gélatine, puis laisser refroidir. Incorporer la purée de fruits de la passion d'abord, puis la crème fouettée. Verser l'appareil dans l'emporte-pièce. Ne pas remplir complètement, laisser 2 mm jusqu'au bord.

Gelée de fruits de la passion
Porter à ébullition 25 g de sucre, ½ dl d'eau et la chair d'un fruit de la passion. Ajouter la troisième feuille de gélatine et laisser refroidir. Lorsque la gelée est presque ferme, remplir l'emporte-pièce jusqu'au bord et placer au frais.

Coulis de framboises
Caraméliser 50 g de sucre. Déglacer avec 1 dl d'eau, porter à ébullition jusqu'à ce que le caramel soit à nouveau liquide. Ajouter la moitié des framboises et cuire 2 à 3 minutes. Mixer et passer le tout. Faire réduire jusqu'à obtention de la consistance souhaitée. Incorporer le reste des framboises et mettre au frais.

Présentation
Retirer délicatement l'emporte-pièce et placer la mousse sur la moitié d'une assiette. Verser le coulis sur l'autre moitié de l'assiette et décorer à son gré.

PASSION FRUIT MOUSSE WITH RASPBERRY SAUCE

INGREDIENTS

175 g	sugar
2 dl	water
3	gelatine leaves
100 g	passion fruit purée
100 g	whipped cream
1	egg yolk
1	egg white
25 g	flour
2	passion fruits
200 g	raspberries

Preparation Base
Beat 25 g of sugar and the egg yolk warm then cold. Fold in 25 g of flour and the foamy, beaten egg white. Thinly spread the mixture over a silicone baking sheet. Bake in the oven for a few minutes at 180 degrees until the biscuit is golden brown. Cool, then press out ovals to line small Springforms.

Passion fruit Mousse
Boil 75 g sugar with ½ dl water to make a syrup. Add 2 gelatine leaves and cool. Fold in the passion fruit purée and whipped cream. Fill the biscuit-lined forms with the mousse, leaving 2 mm free at the top.

Passion Fruit Gelée
Boil together 25 g sugar, ½ dl water and the flesh of one fresh passion fruit. Add the remaining gelatine and cool. When the gelée is firm, spread over the mousse in the Springforms and chill.

Raspberry Coulis
Caramelise 50 g sugar. Deglaze with 1 dl water and boil until the caramelised sugar has completely dissolved. Add half of the raspberries and simmer for 2–3 minutes. Purée the mixture and pass through a sieve. Reduce to the right consistency; add the remaining raspberries and chill.

To Serve
Carefully remove the mousse from the Springforms and arrange on one side of a plate. Garnish with the coulis according to taste and embellish with passion fruit and decorations.

Restaurant Le Gourmet

Alpenhof Hotel

Annelise und Hans Peter Julen, Direktion

Heinz Rufibach, Chef de cuisine

Restaurant Le Gourmet und Alpenhof Hotel
«In der Einfachheit liegt das Geniale – und beim Kochen beginnt alles immer ganz einfach. Eine Idee, ein topmotiviertes Team und die Lebensmittel von bester Qualität! Im Alpenhof habe ich endlich die Stelle gefunden, wo Annelise und Hans Peter Julen, zum Wohle der Gäste, mir den Freiraum geben, den man sich als Küchenchef immer wieder wünscht. Hier kann ich mich auf das Kochen konzentrieren und der Job macht richtig Spass. Mit meinem Küchenteam zelebriere ich eine kreative, ehrliche, marktorientierte Küche. Ferienstimmung möchten wir unseren Gästen auch auf dem Teller überbringen, aber wir bitten Sie auch, die Zeit zum Geniessen mitzubringen ...»
Heinz Rufibach

Restaurant Le Gourmet et hôtel Alpenhof
«Le génie naît de la simplicité. Il n'en va guère autrement dans le monde de la gastronomie où tout commence dans la simplicité. Une idée, une brigade motivée et des produits d'une qualité irréprochable! A l'Alpenhof, j'ai enfin trouvé un poste où la direction, Annelise et Hans Peter Julen, me donne la liberté dont rêvent tous les chefs pour satisfaire aux attentes des hôtes. A mon plus grand plaisir, je peux ici me dédier pleinement à la cuisine. Ma brigade et moi célébrons une cuisine créative, authentique et appréciée. Il nous tient à cœur de transporter nos hôtes dans un univers de découvertes à travers leurs papilles gustatives et les prions, pour ce faire, de s'accorder le temps nécessaire afin qu'ils puissent savourer pleinement les heures passées chez nous.» *Heinz Rufibach*

Restaurant Le Gourmet and Hotel Alpenhof
«Beauty lies in simplicity, and in cooking, everything begins simply: an idea, a highly motivated team and produce of the highest quality! Here at the Alpenhof, I have finally found a position where, for the guest's benefit, Annelise and Peter Julen allow me the freedom that every Chef dreams of. I can concentrate on cooking, and that's a lot of fun. My team and I celebrate a creative, honest, market fresh cuisine. We want you to experience the festive spirit with the dishes that we serve and hope that you will linger long enough to enjoy them to the fullest.»
Heinz Rufibach

SAUTIERTES ZANDERFILET
IM COLONNATA-SPECKMANTEL AUF GRÜNEN SPARGELN MIT MIMOLETTE-KÄSE

ZUTATEN

8	Zanderfilets à 40 g
8 Scheiben	Colonnata-Speck
	Olivenöl
8	gekochter grüner Spargel
	gehobelter Mimolette-Käse
	Zitronen-Olivenöl
	Schweizer Balsamico Essig
	Fleur de Sel
	Schwarzer Pfeffer
	Kerbelblättchen
	Salz und Pfeffer

Zubereitung

Zanderfilets in Colonnata-Speck einwickeln und im Olivenöl sautieren (nicht würzen, der Speck gibt genug Salz ab). Den Spargeln die Spitzen wegschneiden und den hinteren Teil in gleichmässige Stücke schneiden, auf die Teller anrichten, mit Fleur de Sel und Schwarzem Pfeffer würzen. Mimolette-Käse und Kerbelblättchen dazulegen, mit Zitronen-Olivenvenöl und Schweizer Balsamico Essig beträufeln und zum Schluss die sautierten Zanderfilets auf dem Spargelbeet anrichten.

FILET DE SANDRE SAUTÉ EN MANTEAU DE LARD DE COLONNATA SUR ASPERGES VERTES ET AU FROMAGE MIMOLETTE

Préparation

Barder les filets de sandre de lard de Colonnata et les faire sauter dans l'huile d'olive (le lard étant suffisamment salé, inutile d'assaisonner). Couper généreusement les pointes des asperges et le reste en petits tronçons. Dresser sur une assiette, assaisonner de fleur de sel et de poivre noir. Parsemer de mimolette et de cerfeuil, puis arroser de quelques gouttes d'huile d'olive au citron et de vinaigre balsamique. Dresser le filet de sandre sur le lit d'asperges.

INGRÉDIENTS

8	filets de sandre de 40 g
8 tranches	de lard de Colonnata
	huile d'olive
8	asperges vertes cuites
	copeaux de mimolette
	huile d'olive au citron
	vinaigre balsamique suisse
	fleur de sel
	poivre noir
	feuilles de cerfeuil
	sel et poivre

INGREDIENTS

8	zander fillets of 40 g each
8 slices	of Colonnata bacon
	Olive oil
8	cooked asparagus stalks
	Shaved Mimolette cheese
	Lemon olive oil
	Swiss balsamic vinegar
	Fleur de Sel sea salt
	Black pepper
	Chervil leaves
	Salt and pepper

Preparation

Wrap the zander fillets in the Colonnata bacon and sauté in olive oil (do not season, as the bacon is salty enough). Cut off the asparagus tips and slice the stalks into even pieces. Arrange the asparagus on the plates. Season with Fleur de Sel sea salt and black pepper. Sprinkle with the Mimolette cheese and chervil leaves. Drizzle with lemon olive oil and Swiss balsamic vinegar. Arrange the sautéed zander fillets over the asparagus.

SAUTÉED ZANDER FILLET WRAPPED IN BACON OVER GREEN ASPARAGUS WITH MIMOLETTE CHEESE, SWISS BALSAMIC VINEGAR AND LEMON OLIVE OIL

VARIATION DE LAPIN D'EMMENTAL ET DE FILET D'AGNEAU AUX ÉCHALOTES ET THYM

INGRÉDIENTS

4	filets d'agneau de 80 g
2	filets de lapin de 120 g
	sel et poivre
	huile d'olive
20 g	d'échalote hachée
	feuilles de thym
2 dl	de pinot noir de Salquenen
½ dl	de jus de la viande
1 dl	de jus de raisin
20 g	de beurre
	sel et poivre
4	petits bouquets de thym

Petits légumes

4	petits artichauts cuits avec la tige
100 g	d'épinards en branches étuvés
20	tomates cerises en grappes
60 g	de chips de topinambour

Préparation

Assaisonner la viande et la saisir dans l'huile d'olive. La mettre ensuite au four à 180° jusqu'à obtention de la cuisson souhaitée, puis laisser reposer. Mettre l'échalote hachée et les feuilles de thym dans une casserole avec le pinot noir de Salquenen, le jus et le jus de raisin, puis faire réduire jusqu'à obtention de l'épaisseur souhaitée, assaisonner et monter au beurre. Couper les artichauts en huit. Chauffer les épinards en branches et les tomates cerises, puis les assaisonner. Dresser les légumes sur une assiette. Verser une tombée de la réduction de pinot noir au milieu de l'assiette. Trancher la viande et la dresser sur la réduction. Garnir de petits bouquets de thym.

MEDLEY OF EMMENTAL DOMESTIC RABBIT AND SADDLE FILET OF LAMB WITH SHALLOTS & THYME

INGREDIENTS

4	lamb saddle filets of 80 g each
2	rabbit filets of 120 g each
	Salt and pepper
	Olive oil
20 g	chopped shallots
	Plucked thyme leaves
2 dl	Salgescher Blauburgunder wine
½ dl	meat jus
1 dl	grape juice
20 g	butter
	Salt and pepper
4	sprigs of thyme

Vegetable Garnish

4	small cooked artichokes with stems
100 g	steamed spinach leaves
20	small Ramati cherry tomatoes
60 g	topinambur chips

Preparation

Season the meat and brown in olive oil. Roast in the oven at 180 degrees until cooked to the desired level. Remove from the oven and leave to rest. Reduce the chopped shallots, plucked thyme leaves, wine, jus and grape juice to the desired consistency. Season and refine with butter. Cut the artichokes into 8 pieces. Warm the spinach and the cherry tomatoes, and season to taste. Arrange the vegetables on plates and make small mirrors of the wine reduction in the middle of each plate. Slice the meat and arrange it over the reduction. Garnish with sprigs of thyme.

VARIATION VON EMMENTALER HAUSKANINCHEN UND LAMMRÜCKENFILET MIT SCHALOTTEN UND THYMIAN

ZUTATEN

4	Lammrückenfilets à 80 g
2	Kaninchenfilets à 120 g
	Salz und Pfeffer
	Olivenöl
20 g	gehackte Schalotten
	gezupfte Thymianblättchen
2 dl	Salgescher Blauburgunder
½ dl	Fleisch-Jus
1 dl	Traubensaft
20 g	Butter
	Salz und Pfeffer
4	Thymiansträusschen

Gemüsegarnitur

4	kleine gekochte Artischocken mit Stiel
100 g	gedünsteter Blattspinat
20	kleine Ramati-Kirschtomaten
60 g	Topinambur-Chips

Zubereitung

Fleisch würzen und in Olivenöl anbraten. Danach im Ofen bei 180 Grad bis zur gewünschten Garstufe fertig braten und ruhen lassen. Gehackte Schalotten und gezupfte Thymianblättchen mit Salgescher Blauburgunder, Jus und Traubensaft zur gewünschten Dicke einreduzieren, würzen und mit Butter aufmontieren. Artischocken achteln. Blattspinat und Kirschtomaten warm machen und abschmecken. Gemüse auf Teller anrichten, in der Mitte des Tellers ein kleiner Spiegel von der Blauburgunder-Reduktion machen. Fleisch aufschneiden und auf die Reduktion anrichten. Mit Thymiansträusschen ausgarnieren.

QUITTENSCHNAPSSPITZ MIT HOLUNDER-QUITTENKOMPOTT UND QUITTENEIERLIKÖR

ZUTATEN

2	Eigelb
40 g	Zucker
200 g	Schlagrahm
25 g	Quittenschnaps
100 g	Quittenwürfel
200 g	Holunderbeeren
100 g	Zucker
4 cl	Weisswein
1 dl	Quitteneierlikör

Couverture für die Spitzen und die Teller (Dekoration)

Zubereitung

Aus Pergamentpapier Spitzen formen, mit aufgelöster Couverture ausgiessen und abtropfen lassen, so dass nur eine dünne Schokoladenschicht am Papier haften bleibt. Kalt stellen. Eigelb und Zucker warm/kalt schlagen. Schlagrahm darunterheben, mit dem Quittenschnaps die Masse verfeinern und in die Schokoladenspitzen füllen. Die Spitzen während 6 Stunden in den Tiefkühler stellen. Zucker und Weisswein aufkochen, Quittenwürfel dazugeben, und ca. 1 Stunde sieden lassen. Holunderbeeren dazugeben und auf die gewünschte Dicke einreduzieren lassen. Mit der restlichen Couverture die Teller verzieren und mit Holunder-Quittenkompott und dem Quitteneierlikör die Teller ausgarnieren. Den Quittenschnapsspitz 20 Minuten vor dem Servieren aus dem Tiefkühler nehmen zum Antauen. Das Pergamentpapier entfernen und den Spitz in die Mitte des Tellers anrichten.

POINTE GLACÉE À L'EAU DE VIE DE COINGS À LA COMPOTE DE SUREAU ET DE COINGS
ET AU LIQUEUR À L'ŒUF AUX COINGS

INGRÉDIENTS

2	*jaunes d'œufs*
40 g	*de sucre*
200 g	*de crème fouettée*
25 g	*d'eau de vie de coings*
100 g	*de cubes de coing*
200 g	*de baies de sureau*
100 g	*de sucre*
4 cl	*de vin blanc*
1 dl	*de liqueur à l'œuf aux coings*

Couverture de chocolat pour les pointes et la décoration

Préparation

Façonner des pics en papier parchemin, puis les remplir de couverture de chocolat. Laisser égoutter jusqu'à obtention d'une couche de chocolat très fine. Mettre au frais. Battre le jaune d'œuf et le sucre au bain-marie, puis refroidir. Mélanger délicatement la crème fouettée à l'appareil et affiner la pâte à l'eau de vie de coings. Remplir les pics de chocolat de cette pâte, puis les laisser au congélateur durant 6 heures. Porter à ébullition le sucre et le vin blanc, ajouter les cubes de coing et cuire environ 1 heure. Ajouter les baies de sureau et réduire jusqu'à obtention de l'épaisseur souhaitée. Décorer l'assiette avec le reste du chocolat, la compote de sureau et de coings et la liqueur aux œufs et aux coings. Sortir les pics du congélateur 20 minutes avant de servir. Retirer le papier parchemin et placer un pic au milieu de chaque assiette.

QUINCE-SCHNAPPS PEAK WITH ELDERBERRY-QUINCE COMPOTE
AND HOMEMADE QUINCE-FLAVOURED EGG LIQUEUR.

INGREDIENTS

2	*egg yolks*
40 g	*sugar*
200 g	*whipping cream*
25 g	*quince-schnapps*
100 g	*cubed quince*
200 g	*elderberries*
100 g	*sugar*
4 cl	*white wine*
1 dl	*quince-flavoured egg liqueur*

Chocolate couvertures for the peaks and plate decoration

Preparation

Form cones using parchment paper. Cover inside with dissolved chocolate couverture and allow the excess chocolate to run off so that only a thin layer sticks to the paper. Place in the refrigerator to harden. Beat the egg yolk and sugar warm then cold. Fold in the whipped cream and flavour with the quince schnapps. Fill the chocolate cones with the mass and freeze for 6 hours. Boil together the sugar and wine. Add the cubed quince and simmer gently for approximately 1 hour. Add the elderberries and reduce to the desired consistency. Decorate the plates with the remaining chocolate couverture and garnish with the elderberry-quince compote. 20 minutes before serving, remove the quince-schnapps cones from the freezer to defrost. Remove the parchment paper and arrange a cone in the middle of each plate.

Restaurant Le Mazot

Antoinette Moser, Gastgeberin und
Roger Muther, Chef de cuisine, Gastgeber

Restaurant Le Mazot

«Die Küchenphilosopie ist, das Traditionelle mit dem Neuen zu vereinen. Ich will eine marktfrische und abwechslungsreiche kleine Karte mit täglich wechselnden Spezialitäten anbieten, die ich unseren Gästen persönlich empfehle.» Roger Muther

Restaurant Le Mazot

«La philosophie culinaire de notre établissement allie tradition et innovation. Je propose une petite carte variée élaborée avec des produits du marché et des spécialités différentes tous les jours que je conseille personnellement à nos hôtes.» Roger Muther

Restaurant Le Mazot

«Our kitchen philosophy is to combine the traditional with the modern. I want a small, market fresh and varied menu, with specialities that change every day, which I can personally recommend to my guests.» Roger Muther

CARPACCIO VOM LACHS UND ST. PETERSFISCH

MIT ZITRONEN-OLIVENÖL

ZUTATEN

300 g	Lachsfilet
150 g	St. Petersfisch

Basilikumpesto

50 g	Basilikum
20 g	Petersilie
10 g	Pinienkerne
	Salz und Pfeffer
20 g	Zitronen-Olivenöl

Zubereitung

Basilikum, Petersilie, Salz, Pfeffer sowie Olivenöl mischen und alles fein hacken. Den Lachs der Länge nach aufschneiden und unter einer Klarsichtfolie plattieren, mit dem Basilikumpesto bestreichen. Das St. Petersfilet in dünne Scheiben schneiden, auf das Pesto legen, zu einer Roulade rollen, mind. 4 Std. kühlen. Danach dünn aufschneiden, mit Zitronen-Olivenöl marinieren und mit einem Salatbouquet ausgarnieren.

CARPACCIO DE SAUMON ET SAINT-PIERRE

À L'HUILE D'OLIVE AU CITRON

INGRÉDIENTS

300 g	*de filet de saumon*
150 g	*de saint-pierre*

Pesto au basilic

50 g	*de basilic*
20 g	*de persil*
10 g	*de pignons*
	sel et poivre
20 g	*d'huile d'olive*

Préparation

Mélanger le basilic, le persil, le sel, le poivre et l'huile d'olive et hacher finement le tout. Couper le saumon dans la longueur et presser sous une feuille de cellophane. Badigeonner de pesto au basilic. Couper le filet de saint-pierre en fines tranches, déposer sur la couche de pesto, puis rouler le tout. Placer au réfrigérateur pendant au moins 4 heures. Couper ensuite en fines rondelles, arroser d'huile d'olive au citron et garnir d'un bouquet de salade.

CARPACCIO OF SALMON AND JOHN DORY WITH LEMON OLIVE OIL

INGREDIENTS

300 g	*salmon fillet*
150 g	*John Dory*

Basil Pesto

50 g	*basil*
20 g	*parsley*
10 g	*pine nuts*
	Salt and pepper
20 g	*olive oil*

Preparation

Mix together the basil, parsley, salt, pepper and olive oil and finely chop. Slice open the salmon fillet lengthwise, and flatten under plastic wrap. Coat with the basil pesto. Thinly slice the John Dory and arrange over the pesto. Drizzle with lemon olive oil and garnish with a bouquet of salad.

LAMMRÜCKEN UNTER EINER BERGKRÄUTER-KRUSTE MIT HUMAGNE ROUGE-JUS KARTOFFELGRATIN UND SAISONGEMÜSE

ZUTATEN

Lammrücken

30 g	Öl (zum Anbraten)
4	Lamm-Entrecôtes à ca. 150 g
	Salz und Pfeffer
20 g	Dijon-Senf
100 g	Paniermehl
1	Eigelb
50 g	zerlassene Butter
	Bergkräuter (Lavendel, Thymian, Enzian, Rosmarin)
20 g	Petersilie

Jus

1 dl	Humagne Rouge
3 dl	Lammjus
50 g	Butter
	Salz und Pfeffer

Kartoffelgratin

600 g	Kartoffeln
2 dl	Milch
2 dl	Rahm
	Salz und Pfeffer
	Muskatnuss
50 g	Reibkäse

Zubereitung Lammrücken

Öl in der Bratpfanne erhitzen und die gewürzten Entrecôtes auf beiden Seiten kurz anbraten. Bergkräuter und Petersilie hacken und mit Senf, Paniermehl, Eigelb und Butter mischen und auf einer Seite des Fleisches fest andrücken. Im vorgewärmten Backofen mit Oberhitze bei mindestens 250 Grad gratinieren und danach noch 1 Minute bei ausgeschaltetem Backofen ziehen lassen.

Zubereitung Jus

Den Rotwein auf die Hälfte einreduzieren, den Lammjus dazugeben, mit kalter Butter aufmontieren und abschmecken.

Zubereitung Kartoffelgratin

Milch und Rahm aufkochen, würzen, die rohen Kartoffeln in gleichmässig dünne Scheiben schneiden, beigeben und aufkochen. In eine feuerfeste Form geben, mit Käse bestreuen und bei 180 Grad im Backofen ca. 20 Minuten garen und danach noch 1 Minute bei 250 Grad gratinieren.

Anrichten

Die Sauce aufschäumen und einen schönen Spiegel anrichten. Das gegen die Faser tranchierte Lamm-Entrecôte auf den Saucenspiegel geben und mit Kräuter ausgarnieren.

SELLE D'AGNEAU EN CROÛTE D'HERBES DE MONTAGNE DANS SON JUS D'HUMAGNE ROUGE, GRATIN DE POMMES DE TERRE ET LÉGUMES DE SAISON

INGRÉDIENTS

Selle d'agneau

30 g	d'huile (pour rôtir)
4	noisettes d'agneau d'env. 150 g
	sel et poivre
20 g	de moutarde de Dijon
100 g	de panure
1	jaune d'œuf
50 g	de beurre fondu
	herbes de montagne (lavande, thym, gentiane, romarin)
20 g	de persil

Jus

1 dl	d'humagne rouge
3 dl	de jus d'agneau
50 g	de beurre
	sel et poivre

Gratin de pommes de terre

600 g	de pommes de terre
2 dl	de lait
2 dl	de crème
	sel et poivre
	noix de muscade
50 g	de fromage râpé

Préparation selle d'agneau

Chauffer l'huile dans la poêle et saisir brièvement les noisettes d'agneau assaisonnées des deux côtés. Hacher les herbes de montagne et le persil, mélanger à la moutarde, la panure, le jaune d'œuf et le beurre. En badigeonner une face de la viande et presser fermement. Gratiner au four préchauffé à au moins 250° (chaleur supérieure), puis laisser reposer encore 1 minute dans le four éteint.

Jus

Faire réduire le vin rouge de moitié, ajouter le jus d'agneau, monter au beurre froid et assaisonner.

Gratin de pommes de terre

Porter le lait et la crème à ébullition, assaisonner. Couper les pommes de terre crues en fines rondelles régulières, incorporer et porter à ébullition. Verser dans un plat résistant à la chaleur, saupoudrer de fromage râpé et cuire au four à 180° pendant environ 20 minutes, puis gratiner encore 1 minute à 250°.

Présentation

Fouetter la sauce jusqu'à obtention d'une mousse et verser en miroir sur l'assiette. Placer les tranches de noisettes d'agneau coupées à contresens des fibres sur le miroir de sauce et garnir d'herbes aromatiques.

LAMB SADDLE IN A MOUNTAIN HERB CRUST WITH HUMAGNE-ROUGE JUS, POTATO GRATIN AND SEASONAL VEGETABLES

INGREDIENTS

Lamb Saddle

30 g	oil for frying
4	lamb entrecotes of approximately 150 g each
	Salt and pepper
20 g	Dijon mustard
100 g	bread crumbs
1	egg yolk
50 g	melted butter
	Mountain herbs (lavender, thyme, gentian violet, rosemary)
20 g	parsley

Jus

1 dl	Humagne Rouge
3 dl	lamb jus
50 g	butter
	Salt and pepper

Potato Gratin

600 g	potatoes
2 dl	milk
2 dl	cream
	Salt and pepper and nutmeg
50 g	grated cheese

Preparation Lamb Saddle

Heat the oil in a frying pan and quickly brown the seasoned entrecotes on both sides. Chop the mountain herbs with the parsley and mix with the mustard, bread crumbs, egg yolk and butter. Firmly press onto one side of the meat. Gratinate in a preheated oven with an overhead temperature of at least 250 degrees. Turn off the broiler and leave to rest for another minute.

Jus

Reduce the red wine by half. Add the lamb jus, refine with cold butter and season to taste.

Potato Gratin

Boil together the milk and cream and season. Evenly slice the raw potatoes, add to the milk and bring to a boil. Place in an oven-proof dish, cover with the grated cheese and gratinate for 20 minutes in the oven at 180 degrees, and then for 1 minute at 250 degrees.

To Serve

Whisk the sauce and pour into a smooth pool on a plate. Slice the lamb entrecote against the grain of the fibres, arrange over the sauce and garnish with herbs.

TARTELETTE CHAUDE AUX POMMES AVEC GLACE VANILLE ET *SAUCE AUX ABRICOTS*

INGRÉDIENTS

2	*pommes*
50 g	*de sucre*
50 g	*de beurre*
1	*pâte feuilletée abaissée*

Sauce aux abricots

250 g	*d'abricots*
100 g	*de sucre*
20 g	*de beurre*
4	*boules de glace vanille*
	un peu de crème fouettée
	un peu de sucre glace

Préparation

Découper 4 rondelles de pâte feuilletée de même taille. Couper les pommes en fines lamelles, garnir la pâte en les faisant se chevaucher. Saupoudrer de 50 grammes de sucre et ajouter un flocon de beurre. Faire dorer au four à 200° pendant environ 10 minutes. Laver les abricots, les dénoyauter, les faire cuire avec 100 grammes de sucre et 20 grammes de beurre, réduire en purée et passer à la passoire. Déposer la tartelette aux pommes sur une grande assiette. Verser la sauce aux abricots en miroir. Garnir d'une boule de glace vanille et de crème fouettée. Saupoudrer le tout d'un peu de sucre glace.

WARM APPLE TART WITH VANILLA ICE CREAM AND *APRICOT SAUCE*

INGREDIENTS

2	*apples*
50 g	*sugar*
50 g	*butter*
1	*packet puff pastry, rolled out*

Apricot Sauce

250 g	*apricots*
100 g	*sugar*
20 g	*butter*
4	*scoops vanilla ice cream*
	Whipped cream
	Small amount of powder sugar

Preparation

Press out 4 rounds of equal size from the puff pastry. Thinly slice the apples and arrange over the dough in shingles. Sprinkle with 50 g sugar and place 1 flake of butter over the top. Bake in the oven for approximately 10 minutes at 200 degrees until golden brown. Wash the apricots, remove their stones and boil in 100 g sugar and 20 g butter. Purée and pass through a sieve. Arrange a warm apple tart on a large plate. Pour a smooth pool of the apricot sauce next to the tart. Add a scoop of vanilla ice cream and some whipped cream. Sprinkle with a small amount of powder sugar.

WARMES APFELKÜCHLEIN MIT VANILLEEIS UND APRIKOSENSAUCE

ZUTATEN

2	Äpfel
50 g	Zucker
50 g	Butter
1	ausgewallter Blätterteig

Aprikosensauce

250 g	Aprikosen
100 g	Zucker
20 g	Butter

4 Kugeln	Vanilleeis
etwas	geschlagener Rahm
wenig	Puderzucker

Zubereitung

Vom Blätterteig 4 gleich grosse Rondellen ausstechen. Die Äpfel in dünne Scheiben schneiden und jalousienartig auf die Teigböden legen, mit 50 Gramm Zucker bestreuen und eine Butterflocke oben drauf legen. Im Backofen bei 200 Grad ca. 10 Minuten goldbraun backen. Aprikosen waschen, entsteinen, mit 100 Gramm Zucker und 20 Gramm Butter verkochen, pürieren und passieren. Warmes Apfelküchlein auf einen grossen Teller legen. Warme Aprikosensauce als Spiegel anrichten. Dazu eine Kugel Vanilleeis und etwas Rahm beigeben. Das Ganze mit etwas Puderzucker bestreuen.

Mont Cervin Palace

Wolfgang Pinkwart, Direktor

Harry Switalla, Chef de cuisine

Mont Cervin Palace

«Mont Cervin Palace, ein Palace mit Herz. Egal wo man ist, man hört es schlagen. Auch unsere Herzen schlagen im gleichen Rhythmus. Geniessen Sie in zwangslosem Ambiente eine klassische französische Küche mit einem leichten asiatischen und mediterranen Touch, regionale Produkte wie auch schmackhafte Grilladen vom Holzkohlenfeuer. Welches Gericht Sie auch wählen, in unserer grossen Auswahl von Walliser Weinen und international bekannten Crus finden Sie den idealen Begleiter.» Harry Switalla

Mont Cervin Palace

«Le Mont Cervin Palace est un palace qui a du cœur. Où que l'on soit, on l'entend battre, mais nulle part ailleurs aussi fort que derrière le piano. Dans une atmosphère conviviale, dégustez une cuisine traditionnelle française relevée d'une touche asiatique et d'une note méditerranéenne, des produits régionaux ou de savoureuses grillades au feu de bois. Quels que soient les mets que vous choisirez, vous trouverez parmi notre sélection de vins valaisans et de grands crus internationaux, le nectar idéal pour accompagner votre repas.» Harry Switalla

Mont Cervin Palace

«Mont Cervin Palace: a palace with heart – one can hear it beating everywhere. In fact, our hearts beat to this same rhythm. Enjoy the relaxed ambience. Whether classical French cuisine with a light Asian and Mediterranean touch, regional dishes or tasty selections from the charcoal grill: whatever dish you choose, you will find the ideal accompaniment from our large selection of Valais wines and internationally known Crus.» Harry Switalla

TAUBENBRÜSTCHEN AUF PISTAZIEN-BLÄTTERTEIG UND KLEINEM GEMÜSE

ZUTATEN

Pistazienblätterteig

500 g	Blätterteig
200 g	Pistazien, leicht geröstet

Sauce

etwas	Olivenöl
Karkassen	von zwei Tauben (Knochen ohne Fleisch)
50 g	Mirepoix
1 Tl	Tomatenmark
2 dl	Portwein
2 dl	Rotwein
2,5 dl	Geflügeljus

Ausserdem

4	Taubenbrüstchen
4	Taubenkeulen
2,5 dl	Sonnenblumenöl
	Rosmarin, Thymian, Lorbeer, Pfeffer und Wacholderbeeren
1	Karotte
½	Knollensellerie
1	kleine Zucchini

Zubereitung Pistazienblätterteig

Blätterteig dünn auswallen, geröstete Pistazien darüberstreuen. Den Teig längs zusammenlegen und mit dem Wallholz vorsichtig auswallen. Den Vorgang ein- bis zweimal wiederholen, bis die Pistazien gut eingearbeitet sind. Zuletzt auswallen und bei 200 Grad knusprig backen. Auskühlen und in 5 cm grosse Quadrate schneiden.

Sauce und Taube

Taubenkeulen und -brüste von den Karkassen lösen. Karkassen von den Innereien befreien und im Öl langsam rösten. Mirepoix und Tomatenmark dazugeben, mit Port- und Rotwein ablöschen, einreduzieren und mit Geflügeljus aufgiessen. Während ca. 20 Minuten bei kleiner Flamme kochen, passieren und auf die gewünschte Konsistenz einkochen.

Keulen mit Salz und Pfeffer würzen, anbraten und in das Öl einlegen. Auf 80 bis 90 Grad erhitzen, Gewürze dazugeben und so lange ziehen lassen, bis sich das Fleisch vom Knochen löst.

Karotten, Sellerie und Zucchini in Würfel schneiden und blanchieren. In Eiswasser abschrecken und auskühlen lassen.

Keulenfleisch mit dem Gemüse mischen und mit zwei Esslöffeln Sauce übergiessen, mit Salz und Pfeffer würzen und mit gehackten Kräutern verfeinern.

Taubenbrüste mit Salz und Pfeffer würzen, im Öl anbraten, auf einem Blech bei 280 Grad während 5 Minuten im Ofen garen, herausnehmen und ruhen lassen. Vor dem Servieren die Taubenbrüste in etwas Butter mit Rosmarin nachbraten.

Blätterteigstücke in der Mitte durchteilen, mit dem Keulenfleisch und dem Gemüse füllen und die rosa gebratene Brust darauf anrichten. Mit Taubensauce verfeinern.

INGRÉDIENTS

Pâte feuilletée à la pistache	
500 g	de pâte feuilletée
200 g	de pistaches légèrement grillées
Sauce	
	un peu d'huile d'olive
2	carcasses de pigeon
50 g	de mirepoix
1 c.c.	de concentré de tomates
2 dl	de porto
2 dl	de vin rouge
2,5 dl	de jus de volaille
En outre	
4	poitrines de pigeon
4	cuisses de pigeon
2,5 dl	d'huile de tournesol
	romarin, thym, laurier, poivre et baies de genièvre
1	carotte
½	céleri-rave
1	petite courgette

POITRINE DE PIGEON SUR LIT DE PÂTE FEUILLETÉE À LA PISTACHE ET PETITS LÉGUMES

Préparation pâte feuilletée à la pistache

Abaisser la pâte jusqu'à ce qu'elle soit bien fine, la parsemer de pistaches grillées. Replier la pâte dans la longueur, puis l'étendre délicatement au rouleau à pâte. Répéter une à deux fois l'opération jusqu'à ce que les pistaches soient bien incorporées. Etendre une dernière fois, puis enfourner à 200° jusqu'à ce que la pâte soit croustillante. Sortir du four, laisser refroidir et couper en carrés de 5 cm.

Sauce et pigeon

Détacher les cuisses et les poitrines de pigeon de la carcasse et réserver. Eviscérer la carcasse, puis la rôtir à feu doux dans l'huile. Déglacer le mirepoix et le concentré de tomates au porto et au vin rouge, réduire et arroser de jus de volaille. Laisser mijoter durant environ 20 minutes, passer et cuire jusqu'à la consistance souhaitée.

Saler et poivrer les cuisses, les saisir, puis les poser dans l'huile. Chauffer à 80 ou 90°, ajouter les épices et laisser mijoter jusqu'à ce que la viande se détache de l'os.

Couper la carotte, le céleri-rave et la courgette en dés, puis blanchir. Passer sous l'eau glacée, puis laisser refroidir.

Mélanger la viande des cuisses de pigeon aux légumes et arroser de 2 cuillères à soupe de sauce, saler, poivrer et affiner d'herbes hachées.

Saler et poivrer les poitrines de pigeon avant de les saisir dans l'huile. Poursuivre la cuisson au four à 280° pendant 5 minutes, puis les sortir du four et laisser reposer. Avant de servir, poêler les poitrines de pigeon au beurre et au romarin.

Couper les carrés de pâte feuilletée par la moitié, les farcir de la préparation aux cuisses de pigeon et de légumes et y déposer la poitrine encore rosée. Napper de sauce au pigeon.

BREAST OF DOVE OVER PISTACHIO PUFF PASTRY AND SMALL VEGETABLES

INGREDIENTS

Pistachio Puff Pastry	
500 g	puff pastry
200 g	lightly roasted pistachios
Gravy	
	Small amount of olive oil
2	dove carcasses (bones without meat)
50 g	mirepoix
1 tsp	tomato purée
2 dl	port
2 dl	red wine
2,5 dl	poultry jus
Furthermore	
4	dove breasts
4	dove drumsticks
2,5 dl	sunflower oil
	Rosemary, thyme, bay leaf, pepper und juniper berries
1	carrot
½	celery root
1	small zucchini

Preparation Pistachio Puff Pastry

Thinly roll out the puff pastry. Scatter the roasted pistachios over the dough. Fold the dough lengthwise and carefully roll out with the rolling pin. Repeat 2 to 3 times until the pistachios have been worked in well. Roll out a final time and bake in the oven at 200 degrees until crispy. Cool and cut into 5 cm large squares.

Gravy and Dove

Trim the drumsticks and breasts from the dove carcasses. Remove the giblets. Roast the carcasses slowly in oil. Add the mirepoix and tomato purée. Deglaze with the port and red wine. Reduce and cover with the poultry stock. Simmer on low flame for 20 minutes. Pass through a sieve and boil down to the desired consistency. Season the drumsticks with salt and pepper, brown and place in the oil. Heat from 80 degrees to 90 degrees. Add the seasoning and cook until the meat falls from the bones. Chop the carrots, celery and zucchini into cubes. Blanche and plunge into iced water. Allow to cool. Mix the drumstick meat with the vegetables and coat with 2 tablespoons of the sauce. Season with salt and pepper and refine with chopped herbs.

Season the dove breasts with salt and pepper and brown in oil. Place on a baking tray and cook in the oven for 5 minutes at 280 degrees. Remove and leave to rest. Quickly refry the dove breasts in a small amount of butter and rosemary before serving. Prise apart pieces of the puff pastry through the middle and fill with the drumstick meat and vegetables. Cover with the pink-roasted breast and refine with the dove gravy.

KROSS GEBRATENER SPANFERKELRÜCKEN MIT SPECKWIRSING UND KARTOFFELTERRINE

ZUTATEN

Ca. 1 kg	Jungschweinerücken, mit Bauchlappen
1 l	Wasser
	Salz
	Knoblauch
	Olivenöl

Kartoffelterrine

4	grosse Kartoffeln
	Salz und Pfeffer
	Muskatnuss

Speckwirsing

200 g	Wirsing, in kleine Rechtecke geschnitten
1	Schalotte
3 Scheiben	fein geschnittener Speck
	Salz und Pfeffer
30 g	Butter

Zubereitung

Den Jungschweinerücken auslösen und mit der Hautseite in siedendem, gesalzenem Wasser kurz aufkochen. Dann mit einem scharfen Messer die Schwarte einschneiden. Fleisch trocken tupfen, mit Salz und Pfeffer würzen und auf der Fleischseite anbraten (nicht auf der Hautseite, denn sonst wird die Schwarte nicht kross). Während ca. 35 Minuten in den auf 160 Grad vorgeheizten Ofen schieben. Herausnehmen und 10 Minuten ruhen lassen, anschliessend unter den Salamander geben, bis die Schwarte goldbraun und kross ist.

Kartoffeln schälen, auf der «Mandoline» dünn aufschneiden und mit Salz, Pfeffer und Muskat würzen. Gut durchkneten und von dem austretenden Saft einen Teil aufbewahren. Eine Terrineform mit Backpapier auslegen, die Kartoffelscheiben dicht übereinanderschichten und mit dem Kartoffelsaft beträufeln. Im Ofen bei 180 Grad während ca. 1 Stunde backen, erkalten lassen, danach stürzen, in Scheiben schneiden und in einer beschichteten Pfanne goldbraun braten.

Den in Rechtecke geschnittenen Wirsing in gesalzenem Wasser blanchieren und in Eiswasser abschrecken damit die Farbe erhalten bleibt. Den dünn geschnittenen Speck in einer Pfanne ohne Zugabe von Fett knusprig braten. Die Schalotten in feine Würfel schneiden und in Butter anschwitzen. Zum Schluss den Wirsing und den kross gebratenen Speck dazugeben.

Spanferkelrücken tranchieren, auf dem Speckwirsingbett anrichten, die Kartoffelterrine dazugeben und mit etwas Thymianjus servieren.

RÔTI DE COCHON DE LAIT CROUSTILLANT AVEC CHOU FRISÉ AU LARD ET TERRINE DE POMMES DE TERRE

INGRÉDIENTS

Env. 1 kg	*de selle de cochon de lait, avec lobe abdominal*
1 l	*d'eau*
	sel
	ail
	huile d'olive

Terrine de pommes de terre

4	*grosses pommes de terre*
	sel et poivre
	noix de muscade

Chou frisé au lard

200 g	*de feuilles de chou frisé découpées en petits carrés*
1	*échalote*
3 tranches	*de lard coupées en fines lamelles*
	sel et poivre
30 g	*de beurre*

Préparation

Dégager la selle de cochon de lait, puis la plonger brièvement dans l'eau salée frémissante, côté peau vers le bas. Avec un couteau tranchant, entailler la couenne. Sécher la viande en l'épongeant, saler et poivrer, puis rôtir au four préchauffé, côté couenne vers le haut pour qu'elle devienne bien croustillante, durant environ 35 minutes à 160°. Sortir du four et laisser reposer 10 minutes. Pour terminer, placer sous la salamandre pour donner à la couenne du croustillant et une belle teinte dorée.

Eplucher les pommes de terre, les tailler en fines tranches à l'aide de la mandoline et assaisonner de sel, poivre et muscade. Bien presser pour en extraire le jus et en réserver une partie. Chemiser une terrine de papier sulfurisé, y déposer les lamelles de pomme de terre en les serrant et les faisant se chevaucher, puis arroser de quelques gouttes de jus de pommes de terre. Cuire au four à 180° pendant à peu près 1 heure, laisser refroidir, puis retourner, couper en tranches et faire dorer dans une poêle antiadhésive.

Blanchir les carrés de chou frisé dans l'eau salée, puis les passer sous l'eau glacée pour qu'ils conservent leur belle couleur. Griller les fines lamelles de lard dans une poêle à sec jusqu'à ce qu'elles soient croustillantes. Hacher l'échalote en petits dés et faire suer dans du beurre. A la fin, incorporer le chou frisé et les lamelles de lard croustillantes.

Couper la selle de cochon de lait en tranches, disposer sur le lit de chou frisé au lard, ajouter la terrine de pommes de terre et arroser d'un peu de jus de thym.

CRISP ROASTED SADDLE OF SUCKLING PIG WITH BACON-SAVOY CABBAGE AND POTATO TERRINE

INGREDIENTS

Approx. 1 kg	*suckling pig saddle with abdominal flaps intact*
1 l	*water*
	Salt
	Garlic
	Olive oil

Potato Terrine

4	*large potatoes*
	Salt and pepper
	Nutmeg

Bacon-Savoy Cabbage

200 g	*Savoy cabbage cut into small squares*
1	*shallot*
3 thin slices	*of bacon*
	Salt and Pepper
30 g	*butter*

Preparation

Trim the suckling pig saddle and quickly boil with the skin side down in salted water. Score the rind with a sharp knife. Pat the meat dry and season with salt and pepper. Brown the saddle on the meat side (do not brown the skin side, otherwise the rind will not be crisp). Place in a preheated oven for approximately 35 minutes at 160 degrees. Remove from the oven and leave to rest for 10 minutes. Finish by placing under the broiler until the rind is golden brown and crisp.

Peel the potatoes and cut into thin slices using a mandolin. Season well with salt, pepper and nutmeg and reserve any potato juices. Line a terrine mould with baking paper. Thickly layer the potato slices over each other and drizzle with the potato juice. Bake in the oven for approximately 1 hour at 180 degrees. Allow to cool and turn out the terrine from the mould. Cut the terrine into slices and fry in a Teflon frying pan until golden brown. Cut the Savoy cabbage into squares and blanche in salted water. Plunge the squares in iced water so that they retain their colour.
Fry the thinly sliced bacon in a dry pan until crisp. Finely cube the shallots and lightly fry in butter. Add the Savoy cabbage and the crispy bacon. Slice the roast suckling pig and arrange over the cabbage. Add the potatoes and serve with thyme gravy.

SOUFFLÉ AU CHOCOLAT VALHRONA AVEC CŒUR DE CRÈME BRÛLÉE, GRIOTTES ET GLACE À LA FLEUR DE LAIT

INGRÉDIENTS

Glace à la fleur de lait

310 ml	de crème fouettée
110 ml	de lait
70 g	de sucre
90 ml	de lait condensé
70 g	de glucose
20 g	de lait en poudre

Griottes

400 g	de griottes
90 g	de sucre
1	orange (jus uniquement)
1	citron (jus uniquement)

Crème Brûlée

2,5 dl	de crème
1	gousse de vanille (grains)
2	jaunes d'œuf
45 g	de sucre

Soufflé

50 g	de beurre
25 g	de sucre en poudre
40 g	de farine
1	jaune d'œuf
1	œuf
45 g	de chocolat Valhrona fondu à 70% de teneur en cacao

Préparation glace à la fleur de lait

Mélanger, porter à ébullition, passer au mixeur, puis à la passoire tous les ingrédients et mettre au congélateur.

Griottes

Dénoyauter les fruits et en réserver 200 g. Réduire le reste des griottes en purée et passer à la passoire. Porter à ébullition avec le sucre, le jus d'une orange et d'un citron. Verser le tout sur les griottes et affiner d'un peu de brandy à la cerise.

Crème Brûlée

Porter la crème et la vanille à ébullition et laisser reposer durant une heure. Lisser le jaune d'œuf, le sucre et la crème, puis incorporer la crème à la vanille. Passer à la passoire fine, verser dans un moule bas de 1,5 cm de hauteur, recouvrir d'une feuille d'aluminium et pocher à 90° durant quelque 40 minutes. Laisser refroidir et placer au congélateur. Couper ensuite en carrés d'environ 2,5 cm.

Soufflé au chocolat Valhrona

Faire fondre lentement le chocolat au bain-marie. Lisser le beurre, le sucre et une pincée de sel. Mélanger l'œuf et le jaune d'œuf et incorporer petit à petit. Ajouter ensuite le chocolat fondu, puis la farine tamisée. Beurrer les moules et saupoudrer de sucre cristallisé, y verser l'appareil sur le fond. Placer un morceau de Crème brûlée congelée au milieu, puis recouvrir d'appareil au chocolat. Les moules doivent être remplis jusqu'à mi-hauteur. Enfourner à 200° pendant 10 à 15 minutes. Le bord doit être ferme et bien cuit, alors que le milieu du soufflé doit rester tendre et le cœur liquide. Démouler délicatement le soufflé en décollant les bords et le dresser au milieu d'une assiette. Garnir de griottes et de trois petits nuages de glace à la fleur de lait.

VALHRONA CHOCOLATE SOUFFLÉ WITH A CRÈME BRÛLÉE CENTRE, SOUR CHERRIES AND FIOR DI LATTE ICE CREAM

INGREDIENTS

Fior di Latte Ice Cream

310 ml	cream
110 ml	milk
70 g	sugar
90 ml	condensed milk
70 g	glucose
20 g	powdered milk

Sour Cherries

400 g	sour cherries
90 g	sugar
1	orange (juice only)
1	lemon (juice only)

Crème Brûlée

2,5 dl	cream
Marrow of 1	vanilla bean
2	egg yolks
45 g	sugar

Soufflé

50 g	butter
25 g	powder sugar
40 g	flour
1	egg yolk
1	egg
45 g	melted Valhrona chocolate 70 %

Preparation Fior di Latte Ice Cream

Combine the ingredients and bring to a boil. Blend, pass through a sieve and freeze.

Sour Cherries

Deseed the fruit and set aside 200 g. Purée the remaining cherries and pass through a sieve. Boil with sugar and the orange and lemon juices. Pour the hot sauce over the cherries and refine with cherry brandy.

Crème Brûlée

Boil the cream with the vanilla marrow and steep for 1 hour. Beat the egg yolk, sugar and cream until smooth. Stir in the vanilla cream and pass through a fine sieve. Pour into a suitable, flat mould and fill to a height of 1.5 cm. Cover in foil and poach for approximately 40 minutes in a 90 degree oven. Allow to cool, then freeze. Cut the frozen mixture into 2.5 cm large squares.

Valhrona Soufflé

Slowly melt the chocolate over a water bath. Cream together the butter, sugar and a pinch of salt. Beat the egg and egg yolk and gradually add to the butter mix. Stir in the melted chocolate and the sieved flour. Butter the moulds and sprinkle with granulated sugar. Partially fill each mould with the soufflé mixture. Place a piece of frozen crème-brulée in the middle of each soufflé and cover with more chocolate mix until the forms are half-full. Bake for approximately 10 to 15 minutes at 200 degrees. The edges should be well baked and firm, while the middle of the soufflés should still be soft and the centre liquid. Carefully loosen the soufflés from the moulds and turn out onto plates. Arrange a soufflé in the middle of each plate and surround with the sour cherries. Serve with three small scoops of Fior di Latte ice cream.

VALHRONA-SCHOKOLADENSOUFFLÉ MIT CRÈME BRÛLÉE-KERN WEICHSELKIRSCHEN UND FIOR DI LATTE-EIS

ZUTATEN

Fior di Latte-Eis

310 ml	Sahne
110 ml	Milch
70 g	Zucker
90 ml	Kondensmilch
70 g	Glucose
20 g	Milchpulver

Weichselkirschen

400 g	Weichselkirschen
90 g	Zucker
1	Orange, nur Saft
1	Zitrone, nur Saft

Crème Brûlée

2,5 dl	Sahne
Mark	von einer Vanilleschote
2	Eigelb
45 g	Zucker

Soufflé

50 g	Butter
25 g	Puderzucker
40 g	Mehl
1	Eigelb
1	Ei
45 g	Valhrona-Schokolade mit 70 Prozent Kakaoanteil, geschmolzen

Zubereitung Fior di Latte-Eis
Alle Zutaten vermengen, aufkochen, aufmixen, passieren und einfrieren.

Weichselkirschen
Früchte entkernen, davon 200 g zur Seite legen. Die restlichen Kirschen pürieren und passieren. Mit Zucker, Orangen- und Zitronensaft einkochen. Kirschen heiss übergiessen und mit etwas Cherry Brandy abschmecken.

Crème Brûlée
Sahne mit Vanillemark aufkochen und während einer Stunde ziehen lassen. Eigelb, Zucker und Sahne glatt rühren, die restliche Vanillesahne untermengen. Durch ein feines Sieb passieren, in eine passende, flache Form 1,5 cm hoch einfüllen und bei 90 Grad während ca. 40 Minuten mit Folie zugedeckt pochieren. Auskühlen lassen und tiefkühlen. Danach in ca. 2,5 cm grosse Quadrate schneiden.

Valhronasoufflé
Schokolade im Wasserbad langsam schmelzen. Butter, Zucker und eine Prise Salz glatt rühren. Ei und Eigelb verquirlen und in kleinen Mengen dazugeben. Die geschmolzene Schokolade einrühren und das gesiebte Mehl untermischen. Formen ausbuttern und mit Kristallzucker bestreuen. Masse bis zur Hälfte einfüllen. Die gefrorenen Crème Brûlée-Stücke in die Mitte geben und mit der Soufflémasse abdecken, so dass die Förmchen zirka halb voll sind. Bei 200 Grad etwa 10 bis 15 Minuten backen. Der Rand sollte schön gebacken und fest sein, während die Mitte des Soufflés weich bleibt, so dass der Kern flüssig bleibt. Soufflé vorsichtig vom Formenrand lösen und behutsam stürzen. Soufflé in die Mitte stellen und mit den Weichselkirschen anrichten. Drei Nocken Fior di Latte-Eis dazugeben.

Hotel
Monte Rosa

Albert Wysseier, Chef de cuisine

Kim und Martin Sonderegger, Direktion

Hotel Monte Rosa, seit 1839

«Während dem Abendessen bietet der alteuropäische Jugendstil-Speisesaal mit Stuckdecke und Kronleuchtern viel Stoff zum Träumen. Das Haus führt seine Besucher zu den Ursprüngen des Bergtourismus zurück – und genau dies ist mein Motto. Speisen und Gerichte werden von Grund auf im Haus zubereitet und unter Berücksichtigung der saisonalen und regionalen Spezialitäten steht so manche Überraschung auf dem Menu.»

Albert Wysseier

Hôtel Monte Rosa, depuis 1839

«La salle à manger de style art nouveau avec ses moulures au plafond et ses grands lustres constitue à elle seule une invitation au rêve. L'établissement fait remonter ses hôtes aux origines du tourisme alpin, et je travaille dans cette optique. Plats et mets sont entièrement faits maison. Quelques surprises, clin d'œil aux spécialités de saison et régionales, figurent également sur la carte.»

Albert Wysseier

Hotel Monte Rosa, since 1839

«The old-European art nouveau dining room with its ceiling mouldings and chandeliers offers evening diners much to dream about. The hotel guides its visitors back to the origins of mountain tourism, which is also my ambition. Our cuisine is entirely prepared on the premises, according to the season and the traditions of the region. This leads to many pleasant surprises on the menu.»

Albert Wysseier

LAUWARMER ST. MAURE-ZIEGENKÄSE MIT SONNENBLUMENKERNEN AUF EINEM KRÄUTERSALAT AN RAPSÖL-VINAIGRETTE

ZUTATEN

8 Scheiben	Ziegenkäse à 15 g
50 g	gehackte Sonnenblumenkerne
	Pfeffer aus der Mühle
etwas	Mehl zum Panieren
1	Eiweiss, gut verklopft
10 g	Olivenöl, kaltgepresst
100 g	gemischte Kräuter, klein gezupft: Blattpetersilie, Krausepetersilie, Kerbel, Rucola, Kresse
4 Blüten	Kapuzinerkresse oder andere Blüte nach Wahl
20 g	geschnittener Schnittlauch

Vinaigrette

3 El	Weisser Kräuteressig
3 El	Rapsöl
	Salz und Pfeffer

Zubereitung

Die Käsescheiben leicht in Mehl und danach in Eiweiss, vermischt mit gehackten Sonnenblumenkernen wenden, in Olivenöl kurz auf beiden Seiten anbraten und an mässiger Wärme leicht ziehen lassen. Die Kräuter auf vier Teller verteilen. Zutaten der Vinaigrette gut aufmixen, abschmecken und über die Kräuter giessen. Den Käse darauf legen und den Schnittlauch rundherum verteilen. Die Teller mit je einer schönen Kapuzinerkresseblüte dekorieren.

ST-MAURE TIÈDE AUX GRAINES DE TOURNESOL PARSEMÉ DE SA SALADE D'HERBES ET VINAIGRETTE À L'HUILE DE COLZA

INGRÉDIENTS

8 tranches	de fromage de chèvre de 15 g
50 g	de graines de tournesol concassées
	poivre du moulin
	un peu de farine pour la panure
1	blanc d'œuf en neige ferme
10 g	d'huile d'olive pressée à froid
100 g	de mélange d'herbes en petits morceaux
	persil plat, persil frisé, cerfeuil, roquette, cresson
4 fleurs	de capucine ou autres fleurs à choix
20 g	de ciboulette hachée
Vinaigrette	
3 c.s.	de vinaigre blanc aux herbes
3 c.s.	d'huile de colza
	sel et poivre

Préparation

Passer légèrement les tranches de fromage dans la farine, puis dans les graines de tournesol concassées mélangées au blanc d'œuf. Saisir brièvement des deux côtés dans l'huile d'olive et laisser reposer un peu à température modérée. Répartir les herbes sur une assiette. Bien mélanger les ingrédients de la vinaigrette, rectifier l'assaisonnement et verser sur les herbes. Déposer le fromage sur les herbes et parsemer de ciboulette tout autour. Décorer chaque assiette d'une jolie fleur de capucine.

LUKEWARM ST. MAURE GOAT'S CHEESE WITH SUNFLOWER SEEDS AND MIXED HERBS IN A RAPESEED OIL VINAIGRETTE

INGREDIENTS

8	goat's cheese disks of 15g each
50 g	chopped sunflower seeds
	Freshly ground pepper
	Some flour for coating
1	egg white, well beaten
10 g	cold pressed olive oil
100 g	mixed herbs: flat leaf parsley, curly leaf parsley, chervil, arugula, watercress
4	nasturtium flowers or other flower of choice
20 g	chopped chives
Vinaigrette	
3 tbsp	white herb vinegar
3 tbsp	rapeseed oil
	Salt and pepper

Preparation

Lightly coat the cheese disks in flour, beaten egg white and the chopped sunflower seeds. Quickly brown on both sides in olive oil and leave under moderate heat to steep slightly. Arrange the herbs on 4 plates. Thoroughly combine the ingredients for the vinaigrette. Season and pour over the herbs. Place the cheese on the herbs and scatter the chives around the cheese. Decorate each plate with 1 nasturtium flower.

LAMMRÜCKENMIGNONS MIT MARINIERTEM GEMÜSE UND BRATKARTOFFELN

ZUTATEN

600 g	Lammrückenfilet, von allem Fett und Sehnen befreit
	Salz und Pfeffer aus der Mühle
	Olivenöl, kaltgepresst, zum Braten
8	halbe Auberginenscheiben, ½ cm dick
8	Zucchinischeiben, ½ cm dick
je 4	gelbe, rote und grüne Peperonistreifen, 2 cm dick
4	Fenchelscheiben ½ cm dick
12	Kartoffelkugeln
	Salz und Pfeffer
	Olivenöl
	Balsamico Essig

Zubereitung

Das Gemüse leicht salzen und mit Olivenöl mischen. Das Gemüse auf dem Grill braten, auf ein Backblech legen, Olivenöl, Balsamico Essig dazugeben, mit Salz und Pfeffer würzen. Anschliessend während 10 Minuten im Ofen bei 160 Grad ziehen lassen. 12 schöne Kartoffelkugeln ausstechen und im Salzwasser kochen – die Kartoffeln sollen noch leichten Biss haben. Abschütten und in 40 g Butter goldbraun braten. Lammfleisch mit Salz und Pfeffer würzen und in Olivenöl rosé braten. Das Fleisch auf ein Gitter legen und im Ofen bei 130 Grad abstehen lassen. Das Fleisch soll innen noch schön rosé sein.

Auf vier grossen Tellern einen kräftigen Rotwein-Saucenspiegel giessen, je zwei Auberginenscheiben und Zucchinischeiben, einen Peperonistreifen und die Fencheltranchen dazulegen. Das Fleisch aufschneiden und auf die Sauce legen. Mit den gebratenen Kartoffelperlen und einem schönen Kräuterstrauss anrichten.

MIGNONS DE SELLE D'AGNEAU AUX LÉGUMES MARINÉS ET POMMES RISSOLÉES

INGRÉDIENTS

600 g	de selle d'agneau parée (enlever la graisse et les tendons)
	sel et poivre du moulin
	huile d'olive pressée à froid pour rôtir
8	demi-tranches d'aubergine d'un demi cm d'épaisseur
8	tranches de courgette d'un demi cm d'épaisseur
4	lamelles de chaque poivron jaune, rouge et vert de 2 cm d'épaisseur
4	tranches de fenouil d'un demi cm d'épaisseur
12	perles de pommes de terre
	sel et poivre
	huile d'olive
	vinaigre balsamique

Préparation

Saler parcimonieusement les légumes, puis les mélanger avec l'huile d'olive. Saisir les légumes sur un gril, les déposer sur une plaque, les arroser d'huile d'olive et de vinaigre balsamique, saler et poivrer, puis enfourner pendant 10 minutes à 160°. Former 12 belles perles de pommes de terre et les cuire dans l'eau salée; elles doivent rester bien fermes. Egoutter et faire dorer dans 40 g de beurre. Saler et poivrer la viande d'agneau, la saisir dans l'huile d'olive jusqu'à cuisson rosée. Placer la viande sur une grille et la glisser au four à 130°. La viande doit rester rosée à l'intérieur.
Sur une grande assiette, verser la sauce au vin rouge en miroir. Disposer deux tranches d'aubergine et de courgette, une lamelle de poivron de chaque couleur et une tranche de fenouil. Couper la viande, puis la déposer sur la sauce. Garnir des perles de pommes de terre rissolées et d'un joli bouquet d'herbes aromatiques.

INGREDIENTS

600 g	lamb saddle filet, trimmed of any fat and sinew
	Salt and freshly ground pepper
	Cold pressed olive oil for frying
8	half eggplant rounds ½ cm thick
8	half zucchini rounds ½ cm thick
4	strips each of yellow, red and green bell pepper 2 cm thick
4	fennel slices ½ cm thick
12	potato balls
	Salt and pepper
	Olive oil
	Balsamic vinegar

LAMB SADDLE MIGNONS WITH MARINATED VEGETABLES AND ROAST POTATOES

Preparation

Lightly salt the vegetables and mix with olive oil. Grill the vegetables and place on a baking tray. Drizzle with the olive oil and balsamic vinegar and season with salt and pepper. Marinate for 10 minutes in the oven at 160 degrees. Scoop out 12 well formed potato balls and cook in salted water until the potatoes are slightly firm. Drain and fry until golden brown in 40 g of butter. Season the lamb with salt and pepper. Fry in olive oil until pink. Place the meat on a grill in a warm oven at 130 degrees. The meat should remain pink inside. Make a smooth mirror of the red wine sauce in the middle of 4 plates. Arrange 2 eggplant disks, 2 zucchini disks, one bell pepper strip and the fennel slices on each plate. Slice the meat and place on the sauce. Decorate with the fried potato balls and an attractive herb bouquet.

TARTELETTE AU SÉRÉ ET AUX POIRES AVEC MOUSSE AU YOGOURT ET SAUCE AUX FRAMBOISES

INGRÉDIENTS

200 g	de pâte brisée sucrée	**Mousse au yogourt**	
150 g	de poires	2	jaunes d'œuf
10 g	de raisins secs	50 g	de miel suisse
15 g	de sucre	1 pincée	de sucre vanillé
	un peu de jus de citron	250 g	de yogourt nature
	beurre pour la poêle	3	feuilles de gélatine
		100 g	de crème fouettée
Crème au séré		**Sauce aux framboises**	
1	blanc d'œuf	200 g	de framboises congelées
50 g	de sucre	40 g	de sucre en poudre
1	jaune d'œuf	½	citron (jus)
125 g	de séré	20 ml	d'esprit de framboise
20 g	de farine		
½	citron (jus)		
½ dl	de crème		
	sucre en poudre pour saupoudrer		

Préparation
Abaisser la pâte à 2 mm d'épaisseur, former des ronds de 10 cm de diamètre et foncer les moules à tartelettes préalablement beurrés; placer au frais. Eplucher les poires, les évider et les couper en dés. Faire suer les poires, les raisins secs, le sucre et le jus de citron dans du beurre monté.
Crème au séré: battre en neige ferme le blanc d'œuf avec 10 g de sucre. Travailler le jaune d'œuf, le séré, la farine, le jus de citron et la crème avec le reste du sucre en une pâte lisse. Incorporer le blanc d'œuf dans l'appareil au séré. Verser l'appareil aux poires dans les moules préparés jusqu'à la moitié et recouvrir l'autre moitié d'une cuillère à soupe d'appareil au séré.
Cuisson: faire dorer les tartelettes aux poires au four préchauffé à 180° pendant environ 20 minutes, laisser reposer, puis saupoudrer de sucre en poudre.
Battre en mousse le jaune d'œuf et le miel, puis incorporer le sucre vanillé et le yogourt. Faire tremper les feuilles de gélatine dans l'eau froide, les presser fermement, les dissoudre et les mélanger à l'appareil au yogourt avant qu'il ne se raffermisse. Incorporer la crème fouettée ferme, puis verser la mousse dans un bol. L'appareil doit avoir environ 5 cm de haut. Porter brièvement les framboises, le sucre en poudre, le jus de citron et l'esprit de framboise à ébullition, réduire en purée au mixeur, puis passer à la passoire fine.

Présentation
Disposer les tartelettes au séré et aux poires tièdes sur une assiette. Garnir d'une cuillérée de mousse au yogourt. Décorer l'assiette de sauce aux framboises et de framboises fraîches.

PEAR-QUARK TART WITH YOGHURT MOUSSE AND RASPBERRY SAUCE

INGREDIENTS

200 g	sweet short crust pasty	**Yoghurt mousse**	
150 g	pears	2	egg yolks
10 g	raisins	50 g	Swiss honey
15 g	sugar	1 pinch	vanilla sugar
	Small amount of lemon juice	250 g	plain yoghurt
	Butter for frying	3	gelatine leaves
		100 g	cream
Quark Cream		**Raspberry Sauce**	
1	egg white	200 g	frozen raspberries
50 g	sugar	40 g	powder sugar
1	egg yolk	½	lemon (juice only)
125 g	quark	20 ml	raspberry schnapps
20 g	flour		
½	lemon (juice only)		
½ dl	cream		
	Powder sugar for dusting		

Preparation
Roll out the pastry dough to 2 mm thick. Cut out rounds of 10 cm diameter. Place in the buttered tart form and chill. Peel the pears, remove the seeds and cut into cubes. Lightly fry the pears, raisins, sugar and lemon juice in butter.
Quark Cream: Beat the egg white and 10 g sugar until stiff. Mix the egg yolk, quark, flour, lemon juice and cream with the remaining sugar until smooth. Fold in the beaten egg white. Half fill the prepared tart forms with the pear mixture and cover with 1 tablespoon of the quark mixture.
Baking: Bake the pear tarts in the oven for approximately 20 minutes at 180 degrees until golden brown. Leave to cool slightly and then dust with powder sugar.
Whisk together the egg yolk and honey until foamy. Add the vanilla sugar and yoghurt. Soften the gelatine in cold water. Squeeze out any excess water, dissolve and then stir the gelatine into the yoghurt-egg mixture before it becomes firm. Fold in the whipped cream. Fill a bowl with the finished mousse to 5cm in height. Boil together the raspberries, powder sugar, lemon juice and raspberry schnapps. Purée with a hand-held mixer and pass through a fine sieve.

To Serve
Place a lukewarm pear tart on a plate. Scoop out the yoghurt mousse with a tablespoon and arrange on the plate. Garnish with raspberry sauce and fresh raspberries.

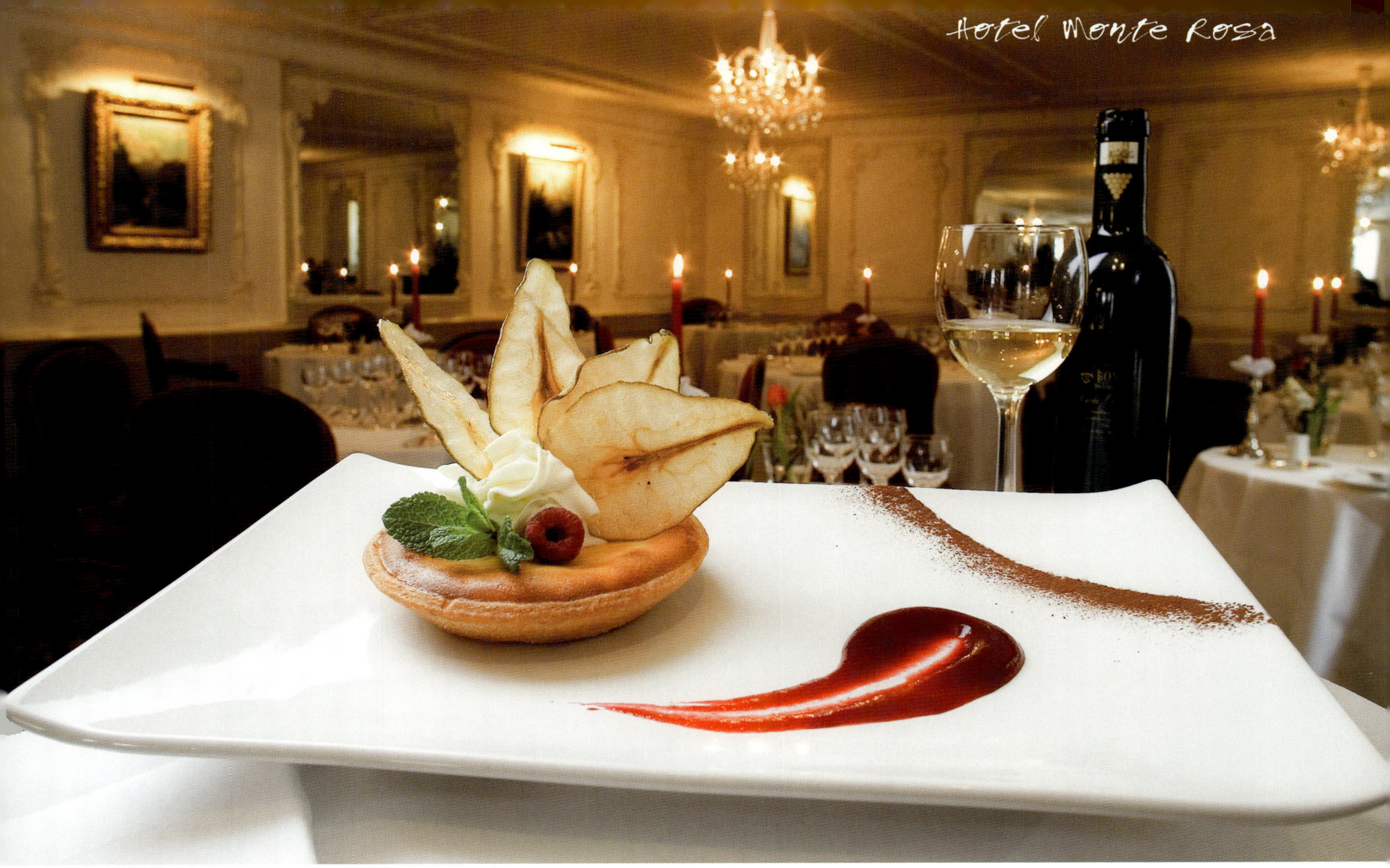

BIRNENQUARKKÜCHLEIN MIT JOGHURTMOUSSE UND HIMBEERSAUCE

ZUTATEN

200 g	Süsser Mürbeteig
150 g	Birnen
10 g	Rosinen
15 g	Zucker
wenig	Zitronensaft
	Butter zum Andünsten

Quarkcreme

1	Eiweiss
50 g	Zucker
1	Eigelb
125 g	Quark
20 g	Mehl
½	Zitrone (Saft)
½ dl	Rahm
	Puderzucker zum Bestäuben

Joghurtmousse

2	Eigelb
50 g	Schweizer Bienenhonig
1 Prise	Vanillezucker
250 g	Naturjoghurt
3	Gelatineblätter
100 g	Sahne

Himbeersauce

200 g	Gefrorene Himbeeren
40 g	Puderzucker
½	Zitrone (Saft)
20 ml	Himbeergeist

Zubereitung

Den Teig 2 mm dick auswallen, Rondellen von 10 cm Durchmesser ausstechen und in den ausgebutterten Tartelettenförmchen auslegen, kühl stellen. Birnen schälen, vom Kerngehäuse befreien und in Würfelchen schneiden. Birnen, Rosinen, Zucker und Zitronensaft in aufschäumender Butter andünsten.

Für Quarkcreme: Eiweiss mit 10 g Zucker steif schlagen, Eigelb, Quark, Mehl, Zitronensaft und Rahm mit restlichem Zucker glatt rühren. Den Eischnee unter die Quarkmasse ziehen. Die vorbereiteten Förmchen zur Hälfte mit der Birnenmasse füllen, dann mit je 1 Esslöffel Quarkmasse abdecken.

Backzeit: Die Birnenküchlein im auf 180 Grad vorgeheizten Ofen zirka 20 Minuten goldbraun backen, kurz ruhen lassen und mit Puderzucker bestäuben.

Das Eigelb mit dem Bienenhonig gut schaumig rühren, dann den Vanillezucker und den Joghurt beigeben. Gelatineblätter in kaltem Wasser einweichen, gut ausdrücken, auflösen und unter die Joghurt-Eimasse rühren bevor die Masse fest wird. Steif geschlagenen Rahm unterheben, das fertige Mousse in eine Schale abfüllen. Die Masse soll zirka 5 cm hoch sein. Die Himbeeren mit Puderzucker, Zitronensaft und Himbeergeist kurz aufkochen, dann mit dem Stabmixer pürieren und durch ein feines Sieb passieren.

Anrichten

Die lauwarmen Birnenquarkküchlein auf einen Teller legen. Das Joghurtmousse mit einem Esslöffel ausstechen und dazugeben. Die Teller mit der Himbeersauce und frischen Himbeeren ausgarnieren.

Hotel Pollux

Claudio Kalbermatter, Chef de cuisine

Alex Taugwalder, Direktion

Hotel Pollux

«Bei der Auswahl und Zubereitung unserer Gerichte achten wir vor allem darauf, regionale Produkte zu verarbeiten. So stellen wir unseren internationalen Kunden die kulinarische und vielfältige Seite des Wallis vor. Hausgemachte Spezialitäten wie Trockenfleisch, Hauswurst und der Zermatter Bergkäse stehen ebenso auf der Speisekarte wie Wildgerichte aus heimischer Jagd oder Zermatter Bio-Lammspezialitäten. Abgerundet wird unser Angebot durch eine Auswahl vegetarischer Gerichte sowie ein reichhaltiges Salatbuffet.»

Hôtel Pollux

«Dans le choix et l'apprêt de nos plats, nous veillons tout particulièrement à sélectionner des produits régionaux, afin de faire découvrir à nos hôtes internationaux le Valais sous ses multiples facettes culinaires. Des spécialités faites maison telles viande séchée, saucisses et fromage de montagne de Zermatt figurent sur la carte tout comme des spécialités de chasse d'animaux de la région ou d'agneau bio de Zermatt. Des plats végétariens viennent également étoffer notre offre ainsi qu'un riche buffet de salades.»

Hotel Pollux

«We endeavour to use regional products in the selection and preparation of our dishes. In so doing, we are able to demonstrate the culinary variety of the Valais to our international guests. Homemade specialities such as air-dried meat, our own sausages and Zermatt mountain cheese feature in our menu selection, as do game dishes of our own hunting and Zermatt free range lamb specialities. Vegetarian dishes and a comprehensive salad buffet round off this selection.»

FEINES TROCKENFLEISCHTARTAR MIT KÜRBISKERNÖL ZWISCHEN KNUSPRIGEN BLÄTTERN VOM STAFELALP-KÄSE

ZUTATEN

350 g	Trockenfleisch
100 g	Gemüsebrunoise
50 g	Kürbiskernöl
30 g	Weisser Balsamico
140 g	Stafelalp-Käse (Alternative: gut gereifter Hobelkäse oder Parmesan)
	Pfeffer aus der Mühle

Zubereitung

Trockenfleisch in feine Würfel schneiden und mit den Gemüsebrunoise mischen. Kürbiskernöl und weissen Balsamico dazugeben und mit etwas Pfeffer aus der Mühle abschmecken. Den Käse auf ein Blech mit Backpapier streuen, im Backofen bei 170 Grad backen bis der Käse geschmolzen ist und leicht braun wird, rausnehmen und auskühlen lassen. Danach lässt sich der Käse in Blätter brechen. Nun das Tartare zwischen die Käseblätter anrichten und ausgarnieren.

DÉLICAT TARTARE DE VIANDE SÉCHÉE RELEVÉ À L'HUILE DE PÉPIN DE COURGE ENTRE SES FEUILLES CROQUANTES DE FROMAGE DE L'ALPAGE DE STAFEL

INGRÉDIENTS

350 g	de viande séchée
100 g	de brunoise de légumes
50 g	d'huile de pépin de courge
30 g	de vinaigre balsamique blanc
140 g	de fromage de l'alpage de Stafel (ou fromage à rebibes mature ou parmesan)
	poivre du moulin

Préparation

Couper la viande séchée en petits dés et la mélanger à la brunoise de légumes. Ajouter l'huile de pépin de courge et le vinaigre balsamique blanc, puis assaisonner d'un peu de poivre du moulin. Saupoudrer le fromage sur une plaque recouverte de papier sulfurisé, glisser au four à 170° jusqu'à ce que le fromage fonde et se colore d'une teinte légèrement marron. Sortir du four et laisser refroidir. Une fois froid, le fromage se laisse facilement briser en feuilles. Pour terminer, déposer le tartare entre les feuilles de fromage et décorer.

DELICATE DRIED MEAT TARTAR WITH PUMPKIN SEED OIL, SERVED BETWEEN CRISPY LEAVES OF STAFELALP CHEESE

INGREDIENTS

350 g	air-dried meat
100 g	finely cubed vegetables
50 g	pumpkin seeds
30 g	white balsamic vinegar
140 g	cheese from Stafelalp (or as an alternative: well ripened Hobel cheese or Parmesan cheese)
	Freshly ground pepper

Preparation

Slice the air-dried meat into fine cubes and mix with the finely cubed vegetables. Add the pumpkin oil and the white balsamic vinegar. Season with a small amount of freshly ground pepper. Sprinkle the cheese over a baking sheet lined with baking paper. Bake in the oven at 170 degrees until the cheese has melted and is slightly brown. Remove from the oven and cool. Break the cheese into leaves. Arrange the tartar between the cheese leaves and garnish.

FILET DE CHAMOIS À LA SAUCE AU SUREAU ACCOMPAGNÉ DE CHUTNEY AUX COINGS

INGRÉDIENTS

700 g	de filet de chamois, cuisson rosée

Chutney aux coings

3	coings
2 g	de poivre rose
10 g	de gingembre râpé
80 g	de sucre
80 g	de vinaigre de pomme

Sauce au sureau

100 g	de baies de sureau
20 g	de miel
50 g	de porto

Knödel

250 g	de pain saumuré (délice)
3	œufs
270 g	de lait entier
60 g	d'oignon haché
30 g	de beurre
7 g	de thym

Préparation chutney aux coings

Couper les coings en dés, faire un caramel clair avec le sucre et déglacer au vinaigre. Une fois le sucre dissous, ajouter les dés de coings, le gingembre et un peu d'eau et cuire jusqu'à tendreté des fruits et épaississement du fond. A la fin, ajouter le poivre rose et, si nécessaire, rectifier l'assaisonnement.

Sauce au sureau

Cuire tous les ingrédients ensemble et laisser mijoter jusqu'à décomposition des baies de sureau. Réduire en purée au mixeur et passer à la passoire.

Knödel

Couper grossièrement le pain saumuré (délice) en dés. Faire suer les oignons dans le beurre et mélanger au pain. Ajouter le lait, les œufs et le thym, former une pâte et assaisonner. Laisser reposer environ 10 minutes pour que les dés de pain s'imbibent du liquide. Emballer la pâte dans une serviette en tissu ou dans du papier d'aluminium et pocher au bain-marie pendant à peu près 30 minutes. Laisser refroidir, couper en tranches et faire dorer dans du beurre. Disposer le filet de chamois sur le chutney aux coings. Verser quelques gouttes de sauce au sureau autour de la viande, garnir de knödel et de choux de Bruxelles ou de choux rouge, selon les goûts.

INGREDIENTS

700 g	venison saddle filet roasted until pink

Quince-Chutney

3	quinces
2 g	pink peppercorns
10 g	grated ginger
80 g	sugar
80 g	apple vinegar

Elderberry Sauce

100 g	elderberries
20 g	honey
50 g	port

Napkin Dumplings

250 g	pretzel buns
3	eggs
270 g	milk
60 g	chopped onions
30 g	cooking butter
7 g	thyme

SADDLE FILET OF VENISON WITH QUINCE CHUTNEY AND ELDERBERRY SAUCE

Preparation

Cube the quince, caramelise the sugar until light brown and deglaze with vinegar. Once the sugar has dissolved, add the quince and ginger. Cover with a small amount of water and cook until soft. Lastly, add the pink peppercorns.

Elderberry Sauce

Boil together all ingredients and simmer until the elderberries fall apart. Purée with a hand held mixer and pass through a sieve.

Napkin Dumplings

Slice the pretzel buns into rough cubes. Gently fry the chopped onion in the butter and stir into the pretzel cubes. Add the milk and thyme and mix into a dough. Leave for 10 minutes so that the bread can thoroughly soak up the liquid. Bake the dough in a cloth napkin or aluminium foil and poach over a water bath for 30 minutes. Cool and slice. Bake the slices in butter to a golden brown.

Arrange the venison saddle filet over the quince chutney. Drizzle a few drops of the elderberry sauce over the plates, in front of the meat. Serve with the napkin dumplings and red cabbage.

GEMSRÜCKENFILET
MIT QUITTEN-CHUTNEY AN EINER HOLUNDERSAUCE

ZUTATEN

700 g	Gemsrückenfilet, rosa gebraten

Quitten-Chutney

3	Quitten
2 g	Rosa Pfeffer
10 g	Ingwer gerieben
80 g	Zucker
80 g	Apfelessig

Holundersauce

100 g	Holunder
20 g	Honig
50 g	Porto

Serviettenknödel

250 g	Laugenbrötli
3	Eier
270 g	Vollmilch
60 g	Zwiebeln, gehackt
30 g	Kochbutter
7 g	Thymian

Zubereitung Quitten-Chutney

Quitten in Würfel schneiden, Zucker hell karamellisieren und mit Essig ablöschen. Wenn sich der Zucker aufgelöst hat die Quittenwürfel und Ingwer dazugeben und mit ein wenig Wasser auffüllen und weich kochen bis der Fond dickflüssig wird. Zum Schluss den rosa Pfeffer zugeben und abschmecken.

Holundersauce

Alle Zutaten zusammen aufkochen und kochen lassen bis die Holunderbeeren zerfallen. Mit dem Mixstab pürieren und durch ein Sieb passieren.

Serviettenknödel

Laugenbrötli in grobe Würfel schneiden. Gehackte Zwiebeln in der Butter dünsten und zu den Laugenbrötli geben. Milch, Eier und Thymian dazugeben und alles zu einer Masse abschmecken. Die Masse etwa 10 Minuten stehen lassen damit die Brotwürfel die Flüssigkeit aufsaugen können. Die Masse nun in eine Stoffserviette oder Alufolie einpacken und im Wasserbad ca. 30 Minuten pochieren. Auskühlen lassen, in Scheiben schneiden und in Butter goldgelb backen. Das Gemsrückenfilet auf dem Quitten-Chutney anrichten. Einige Tropfen von der Holundersauce vor das Fleisch auf den Teller träufeln mit den Serviettenknödeln und nach Belieben mit Rosenkohl und Rotkraut anrichten.

MALVOISIE-SABAYON MIT ZERMATTER BERG HONIGEIS

ZUTATEN

Honigeis

250 g	Milch
2	Eigelb
75 g	Zermatter Berghonig oder Waldhonig
10 g	Zucker

Malvoisie-Sabayon

6	Eigelb
150 g	Zucker
5 dl	Malvoisie
1	Zitrone (nur Schale)

Zubereitung Honigeis
Milch aufkochen und während die Milch erhitzt, das Eigelb mit dem Honig und Zucker schaumig schlagen. Die gekochte Milch über das Eigelb giessen und mit dem Schneebesen verrühren. Nun die Masse zurück in den Topf geben und zur Rose abkochen, auskühlen lassen und in der Maschine abfrieren.

Malvoisie-Sabayon
Eigelb und Zucker verrühren, Wein und Zitronenschale dazugeben und im Wasserbad schaumig schlagen bis der Schaum steif wird. Vorsicht: Darf nicht zu heiss werden, sonst gerinnt das Eigelb. Den Sabayon in einen tiefen Teller anrichten und ausgarnieren. Das Honigeis auf das Sabayon legen und servieren.

SABAYON À LA MALVOISIE ET À LA GLACE AU MIEL DE MONTAGNE DE ZERMATT

INGRÉDIENTS

Glace au miel

250 g	*de lait*
2	*jaunes d'œufs*
75 g	*de miel de montagne de Zermatt ou de miel de forêt*
10 g	*de sucre*

Sabayon à la malvoisie

6	*jaunes d'œufs*
150 g	*de sucre*
5 dl	*de malvoisie*
1	*zeste de citron*

Préparation glace au miel

Porter le lait à ébullition. Pendant qu'il chauffe, battre en mousse les jaunes d'œufs, le miel et le sucre. Verser le lait sur l'appareil et battre au fouet. Reverser le tout dans la casserole et battre à feu doux jusqu'à liaison, laisser refroidir et placer dans la sorbetière.

Sabayon à la malvoisie

Battre les jaunes d'œufs et le sucre, ajouter le vin et le zeste de citron et monter en mousse au bain-marie jusqu'à obtention d'une consistance ferme. Attention: maintenir une chaleur modérée pour éviter que les jaunes d'œufs ne coagulent. Verser le sabayon dans une assiette creuse, déposer une boule de glace, décorer et servir.

MALVOISIE SABAYON WITH ZERMATT MOUNTAIN HONEY ICE CREAM

INGREDIENTS

Honey Ice Cream

250 g	*milk*
2	*egg yolks*
75 g	*Zermatt mountain honey or forest honey*
10 g	*sugar*

Malvoisie Sabayon

6	*egg yolks*
150 g	*sugar*
5 dl	*Malvoisie dessert wine*
1	*lemon peel*

Preparation Honey Ice Cream

Boil the milk in a saucepan. While the milk is heating, beat together the egg yolk, honey and sugar until foamy. Pour the boiled milk over the egg yolks and whisk. Return the mixture to the pan and cook until just thickened. Allow to cool. Freeze in the ice cream maker.

Malvoisie Sabayon

Mix the egg yolks with the sugar. Add the wine and lemon peel. Whisk over a water bath until stiff. Do not allow the mixture to become too warm, otherwise the egg yolks will separate. Pour the sabayon into a deep dish and garnish. Arrange the honey ice cream over the Sabayon and serve.

Restaurant Portofino

Hotel Post

Martin und Daniela Perren, Inhaber und Gastgeber

Antonio Altieri, Chef de cuisine

Restaurant Portofino und Hotel Post

«Das Hotel Post ist nicht nur ein einzigartiges Boutique Hotel sondern mit seinen 4 verschiedenen Restaurants und Bars/Clubs auch der vielfältigste Unterhaltungs- und Restaurantbetrieb in Zermatt. Im Restaurant Portofino zelebrieren wir bei Kerzenlicht eine mediterrane und saisonale Küche vom Feinsten. Die mediterrane Küche wurde von einem amerikanischen Arzt in Salerno entdeckt, als er sich in Europa aufhielt und sich mit dem mediterranen Essen viel vitaler und gesünder fühlte als zu Hause. Das ist auch unsere Philosophie: Wer gut isst, lebt besser und länger. Unsere Gerichte werden ausschliesslich aus frischen Produkten und mit wenig Fett zubereitet. Das Essen soll leicht bekömmlich sein und seinen authentischen Geschmack bewahren.»

Restaurant Portofino et hôtel Post

«Avec ses quatre restaurants et bars-clubs, le boutique hôtel Post est un établissement d'exception à Zermatt, car il propose, à la fois, divertissements et plaisirs gourmands. Le restaurant Portofino s'illumine de toutes ses chandelles pour présenter ses fins plats méditerranéens de saison. La cuisine méditerranéenne fut découverte par un médecin américain en voyage en Europe alors qu'il séjournait à Salerne. Il se sentit tout à coup plus en forme que chez lui et en conclut que la cuisine locale y était sans doute pour quelque chose. Nous partageons cet avis et en avons fait notre credo: ‹Bien manger pour vivre mieux et plus longtemps.› Nos mets se composent exclusivement de produits frais et ne contiennent que très peu de matière grasse.»

Restaurant Portofino and Hotel Post

«The Hotel Post is not only a unique boutique hotel, but with four different restaurants and various bars and clubs, it is also the most varied entertainment and restaurant establishment in Zermatt. In the Portofino restaurant we celebrate the finest seasonal Mediterranean cuisine by candlelight. Mediterranean cuisine was first promoted by an American physician in Salerno, who while on holiday in Europe, felt much fitter and healthier as a result of the Mediterranean food than he did at home. This is also our philosophy: those who eat well live better and longer. Our meals are prepared exclusively from fresh products and with little fat. The food should be light and retain its authentic taste.»

GERÄUCHERTE LACHSROULADE
MIT SPINAT UND KRABBENFLEISCH

ZUTATEN

250 g	Geräucherter Lachs
75 g	Krabbenfleisch
50 g	Frischer Blattspinat
30 g	Sauerrahm
	Salz und Pfeffer
	Muskatnuss

Zubereitung

Blattspinat blanchieren, mit Salz, Pfeffer und Muskatnuss abschmecken und mit kaltem Wasser abschrecken. Blattspinat in ein Spitzsieb geben und abtropfen lassen. Kochtuch auslegen und eine Klarsichtfolie darauf legen. Geräucherte Lachstranchen auf der Klarsichtfolie eng aneinanderlegen. Den abgetropften Blattspinat auf dem Lachs auslegen. Anschliessend den abgeschmeckten Sauerrahm auf dem Spinat verstreichen und zuletzt das Krabbenfleisch auf den Sauerrahm verteilen.

Die Ecken des Tuches einschlagen und die ganze Masse zu einer Roulade rollen. Die Roulade in ca. 2 cm breite Stücke schneiden und servieren.

Tipp: Die Roulade lässt sich besser schneiden, wenn man diese ein paar Minuten in den Tiefkühler legt.

ROULADE DE SAUMON FUMÉ AUX ÉPINARDS ET À LA CHAIR DE CRABE

INGRÉDIENTS

250 g	*de saumon fumé*
75 g	*de chair de crabe*
50 g	*d'épinards en branches frais*
30 g	*de crème acidulée*
	sel et poivre
	noix de muscade

Préparation

Blanchir les épinards, les assaisonner de sel, de poivre et de noix de muscade avant de les passer sous l'eau froide. Laisser s'égoutter les épinards dans une passoire. Etaler un linge de cuisine et y déposer un film cellophane. Placer sur ce film les tranches de saumon fumé les unes collées aux autres. Répartir les épinards égouttés sur le saumon, puis la crème acidulée assaisonnée sur les épinards et, pour terminer, la chair de crabe sur la crème acidulée.

Rabattre les bords du linge et rouler le tout. Couper la roulade en tranches d'environ 2 cm, puis servir.

Conseil: il est plus aisé de couper la roulade après l'avoir placée quelques minutes au congélateur.

SMOKED SALMON ROLL WITH SPINACH AND CRAB

INGREDIENTS

250 g	*smoked salmon*
75 g	*crabmeat*
50 g	*fresh spinach*
30 g	*sour cream*
	Salt and pepper
	Nutmeg

Preparation

Blanche the spinach and season with salt, pepper and nutmeg. Plunge into cold water. Place the spinach in a colander and drain well. Lay out a kitchen towel and cover with plastic wrap. Arrange the smoked salmon slices close together over the plastic wrap. Cover with the drained spinach. Spread the seasoned sour cream over the spinach and the crabmeat over the sour cream. Wrap the corners of the towel together and roll the salmon into a roulade. Cut into 2 cm wide slices and serve.
Tip: It is easier to cut the roll after it has been placed in the freezer for a few minutes.

LOUP DE MER AU BASILIC ET TOMATES CERISES AUX OLIVES

INGRÉDIENTS

500 g	de filet de loup de mer
200 g	de tomates cerises coupées en deux
1 bouquet	de basilic frais
50 g	d'olives noires dénoyautées et grossièrement hachées
	huile d'olive pressée à froid
	sel de mer et poivre blanc du moulin

Préparation

Saler et poivrer le filet de loup de mer et le saisir des deux côtés dans l'huile d'olive chaude. Retirer du feu et placer au four préchauffé entre 80 et 100° durant 5 minutes.

Chauffer de l'huile d'olive dans une autre poêle et sauter les olives avec les moitiés de tomates cerises durant environ 4 minutes à petit feu et en remuant légèrement. Couper le basilic en fines lamelles et l'ajouter aux tomates, assaisonner de sel de mer et de poivre blanc du moulin.

Placer le filet de poisson sur un lit de légumes de saison et napper de tomates cerises aux olives et de leur jus. Servir le tout avec du riz basmati.

SEA BASS WITH BASIL, CHERRY TOMATOES AND OLIVES

INGREDIENTS

500 g	sea bass fillets
200 g	cherry tomatoes cut in half
1 bunch	fresh basil
50 g	chopped black olives, without pits
	Cold pressed olive oil
	Sea salt and pepper

Preparation

Season the sea bass fillets with sea salt and pepper. Brown the fish on both sides in hot olive oil and then bake in a preheated oven for 5 minutes at a temperature of between 80–100 degrees. In a separate frying pan, heat the olive oil and sauté the olives and cherry tomatoes. Lightly cook for 4 minutes over low heat. Add the basil strips. Season with sea salt and freshly ground white pepper. Arrange the fish on plates. Pour over the jus and serve with basmati rice and vegetables.

WOLFSBARSCH MIT BASILIKUM, CHERRY TOMATEN UND OLIVEN

ZUTATEN

500 g	Wolfsbarschfilet
200 g	Cherry Tomaten, halbiert
1 Bund	Frischer Basilikum
50 g	Schwarze, gehackte Oliven (ohne Steine)
	Kaltgepresstes Olivenöl
	Meersalz und Pfeffer

Zubereitung

Das Wolfsbarschfilet mit Meersalz und Pfeffer würzen und in heissem Olivenöl beidseitig anbraten. Den gebratenen Fisch vom Feuer nehmen und während 5 Minuten in den auf 80 bis 100 Grad vorgeheizten Backofen stellen.

In einer separaten Pfanne Olivenöl erhitzen und die Oliven und die halbierten Cherry Tomaten sautieren und während ca. 4 Minuten auf kleiner Flamme leicht durchschwenken. Die Basilikumstreifen dazugeben und mit Meersalz und weissem Pfeffer aus der Mühle abschmecken.

Den Fisch anrichten und den Jus darüber verteilen. Mit Basmatireis und Gemüse servieren.

PASSIONSFRUCHT-HALBGEFRORENES MIT RAHMHAUBE UND HONIG-BAUMNÜSSEN

ZUTATEN

250 g	Passionsfruchtpüree
	Zucker nach Geschmack
250 g	Schlagrahm
2	Gelatineblätter
50 g	Gehackte Baumnüsse
2 El	Honig

Zubereitung

Gelatineblätter in kaltem Wasser einlegen. Das Passionsfruchtpüree in eine Schüssel geben, Zucker und die aufgeweichten Gelatineblätter dazugeben und über einem heissen Wasserbad gut vermengen. Die ganze Masse abkühlen lassen, ¾ des geschlagenen Rahmes unterziehen. Terrinenform mit einer Klarsichtfolie auslegen. Die Masse in die Terrinenform füllen und während 3 bis 5 Stunden in den Tiefkühler stellen.

Tipp: Um Blasenbildung zu vermeiden, die Terrinenform sanft auf den Tisch klopfen, so dass sich die Masse gleichmässig verteilt.

Honig in einer Pfanne erwärmen und die gehackten Baumnüsse dazugeben, erhitzen und gut umrühren. Den Schlagrahm unter die karamellisierten Baumnüsse ziehen und auf dem Passionsfruchtgefrorenem verteilen. Das Ganze noch einmal während einer Stunde in den Tiefkühler stellen, danach die Masse aus der Form nehmen und in ca. 2 cm dicke Scheiben schneiden. Mit frischen Früchten dekorieren.

Tipp: Das Messer unter heisses Wasser halten, das erleichtert das Schneiden.

PARFAIT AUX FRUITS DE LA PASSION COIFFÉ D'UNE CRÈME AUX NOIX AU MIEL

INGRÉDIENTS

250 g	*de purée aux fruits de la passion*
	sucre selon les goûts
250 g	*de crème fouettée*
2	*feuilles de gélatine*
50 g	*de noix concassées*
2 c.s.	*de miel*

Préparation

Plonger les feuilles de gélatine dans l'eau froide. Verser la purée aux fruits de la passion dans une jatte, ajouter le sucre et les feuilles de gélatine fondues. Bien mélanger le tout au bain-marie. Laisser refroidir l'appareil, puis incorporer ¾ de la crème fouettée. Chemiser un moule à terrine d'un film cellophane. Verser l'appareil dans le moule et placer au congélateur durant 3 à 5 heures.

Conseil: afin d'éviter la formation de bulles d'air, tapoter le moule sur la table. Ainsi, l'appareil se répartit de manière régulière.

Chauffer le miel dans une casserole et y ajouter les noix, bien mélanger et faire caraméliser en augmentant le feu. Mélanger le reste de la crème fouettée avec les noix caramélisées, puis répartir sur le parfait aux fruits de la passion. Remettre le tout durant 1 heure au congélateur, puis démouler. Couper des tranches d'environ 2 cm. Décorer de fruits frais.

Conseil: il est plus aisé de couper le parfait, après avoir passé le couteau sous l'eau chaude.

SOFT PASSION FRUIT ICE WITH WHIPPED CREAM AND HONEY-WALNUTS

INGREDIENTS

250 g	*passion fruit purée*
	Sugar according to taste
250 g	*whipping cream*
2	*gelatine leaves*
50 g	*chopped walnuts*
2	*tbsp honey*

Preparation

Soften the gelatine leaves in cold water. Pour the passion fruit purée into a bowl. Add the sugar and softened gelatine leaves and mix well over a hot water bath. Chill the entire mixture, and then fold ¾ of the whipped cream into the passion fruit. Line a terrine mould with plastic wrap. Fill with the passion fruit mixture and freeze for 3–5 hours.

Tip: In order to prevent bubbles form forming, softly bang the terrine mould on the table so that the mixture is evenly distributed in the form.

Warm the honey in a saucepan. Add the chopped walnuts, heat and mix well. Stir the cream into the caramelised walnuts and pour the mixture over the passion fruit ice. Freeze for a further hour. Remove from the mould and cut into 2 cm thick slices. Decorate with fresh fruit.

Tip: Warm the knife under hot water to ease slicing.

Riffelalp
Resort 2222m

Christian Schorner, Chef de cuisine

Hans-Jörg Walther, Direktor

Riffelalp Resort, 2222 Meter über Meer
«Ein einzigartiger Ort inmitten der Natur und das Matterhorn in greifbarer Nähe – Gipfeltreffen auf dem Teller. Dieser Grundsatz spiegelt sich in meinem Kochstil wider. Ehrliche, klassische Grundzubereitungsarten, gepaart mit einem Schuss italienischem Flair. Zurück zu Natürlichkeit und Geschmack der Gerichte. Mit der 25-köpfigen Küchencrew verarbeiten wir ausschliesslich unbehandelte Frischprodukte und zum Wohle unserer Gäste arbeiten wir alle mit viel Liebe zum Detail.» Christian Schorner

Riffelalp Resort, situé à 2222 mètres d'altitude
«Un endroit unique au cœur de la nature avec le Cervin à portée de main: un haut lieu de la gastronomie! Ce décor idyllique se reflète dans mon style culinaire. Des mets authentiques et classiques, dans le respect de la tradition avec une touche italienne. Retour vers des saveurs naturelles et délicates. Ma brigade de 25 personnes et moi apprêtons exclusivement des produits frais non traités et ne négligeons aucun détail, pour le plus grand bonheur de nos hôtes.» Christian Schorner

Riffelalp Resort, 2222 metres above sea level
«A unique place in the middle of nature, eye to eye with the Matterhorn – a summit meeting. This thought is reflected in my cooking style. Honest and classical methods of basic preparation are paired with a measure of Italian flair, which means a return to simplicity and taste of the food. Our 25 person kitchen crew uses only organic fresh products. We prepare our cuisine with a love of detail and for the pleasure of our guests.»
Christian Schorner

TIMBALE VON TAGLIOLINI
MIT TOMATEN, BASILIKUM UND BÜFFELMOZZARELLA

ZUTATEN

2	Auberginen
200 g	Tagliolini
200 g	Tomatensauce
100 g	Cherry Tomaten
30 g	Olivenöl
100 g	Büffelmozzarella, in Würfel geschnitten
15 g	Basilikum
20 g	Schalotten, gehackt

Zubereitung

Auberginen in dünne Scheiben schneiden (ca. 2–3 mm) und leicht salzen. Anschliessend die Scheiben in Olivenöl anbraten und in einer Timbale überlappend einlegen. Gehackte Schalotten, Basilikum, Olivenöl und Tomatensauce in einer Sauteuse erhitzen und leicht köcheln lassen. Die Tagliolini in Salzwasser al dente kochen, abschütten. Cherry Tomaten vierteln, in Olivenöl sautieren und die Hälfte der köchelnden Tomatensauce beigeben. Erhitzen bis die Cherry Tomaten warm sind. Büffelmozzarella und Tagliolini in die übrige, bereits köchelnde Tomatensauce geben. Durchschwenken, gut erhitzen und in die Timbale einfüllen. Die Timbale mit den überlappenden Auberginen verschliessen und auf einen Teller stürzen. Tomatensauce mit Cherry Tomaten auf dem Teller angiessen und mit Basilikum garnieren.

TIMBALE DE TAGLIOLINI À LA TOMATE ET AU BASILIC ET MOZZARELLA DE BUFFLONNE

INGRÉDIENTS

2	aubergines
200 g	de tagliolini
200 g	de sauce tomate
100 g	de tomates cerises
30 g	d'huile d'olive
100 g	de mozzarella de bufflonne en dés
15 g	de basilic
20 g	d'échalote hachée

Préparation

Couper les aubergines en fines tranches (de 2 à 3 mm) et saler parcimonieusement. Les saisir ensuite dans l'huile d'olive et en chemiser une timbale en laissant dépasser les extrémités. Dans une sauteuse, chauffer l'échalote hachée, le basilic, l'huile d'olive et la sauce tomate et laisser mijoter. Cuire les tagliolini al dente dans l'eau salée, égoutter. Couper les tomates cerises en quartiers, les faire revenir dans l'huile d'olive et y ajouter la moitié de la sauce tomate. Garder sur le feu jusqu'à ce que les tomates cerises soient chaudes. Verser la mozzarella de bufflonne et les tagliolini dans l'autre moitié de sauce tomate qui mijote déjà. Remuer, bien chauffer et verser dans la timbale. Refermer la timbale avec les extrémités d'aubergine qui dépassent et retourner sur une assiette. Garnir de sauce aux tomates cerises et de basilic.

TAGLIOLINI TIMBALE WITH TOMATOES, BASIL AND BUFFALO MOZZARELLA

INGREDIENTS

2	eggplants
200 g	tagliolini noodles
200 g	tomato sauce
100 g	cherry tomatoes
30 g	olive oil
100 g	buffalo mozzarella cut into cubes
15 g	basil
20 g	chopped shallots

Preparation

Thinly slice the eggplants to approximately 2–3 mm in thickness and lightly salt. Fry the slices in olive oil. Line a timbale mould with the eggplant slices. Heat the chopped shallots, basil, olive oil and tomato sauce in a frying pan and simmer lightly. Cook the tagliolini noodles in salted water until al dente and drain. Quarter the cherry tomatoes and sauté in olive oil. Add half of the boiling tomato sauce and heat until the cherry tomatoes are warm. Simmer the remaining tomato sauce and stir in the buffalo mozzarella and tagliolini. Heat well, and pour into the timbale. Seal the timbale with overlapping eggplant slices and turn out onto a plate. Pour the cherry tomato sauce on the plate and garnish with basil.

GEBRATENER REHRÜCKEN «ZE GRIENU WASU» MIT EINER KRUSTE VON TESSINER MARRONIS UND WINTERLICHEN GEMÜSEN

ZUTATEN

600 g	Rehrücken, ausgelöst
4 dl	Wildjus
30 g	Butter, kalt, in Würfel

Für die Kruste

40 g	Portwein, weiss
50 g	Marroniflocken (getrocknet, geraspelt)
50 g	Butter
10 g	Vollrahm, flüssig
1	Eigelb
1 Tl	Thymian und Petersilie
1 Msp.	Zimt

Für das Gemüse

8	Minikarotten
8	kleine rote Zwiebeln
8	Frühlingszwiebeln
100 g	Gelbe Zucchini
200 g	Rosenkohl
100 g	Pfifferlinge
12	Marroni, ganz
	Salz und Pfeffer

Zubereitung

Rehrücken würzen und heiss anbraten. Im Ofen bei zirka 180 Grad braten. (Kerntemperatur 42 Grad, entspricht ca. 7 Minuten) Anschliessend 5 Minuten abstehen lassen. Marroniflocken mit dem Portwein einweichen. Butter schaumig rühren und alle Zutaten bis und mit Zimt zusammenmischen. Die Kruste auf dem Fleisch verteilen und vor dem Servieren kurz gratinieren. Das Gemüse rüsten, zuschneiden und in einer Pfanne mit etwas Olivenöl sautieren, abschmecken, mit der Hälfte des Wildjus ablöschen und im Ofen weich schmoren.

Anrichten

Das Gemüse auf dem Teller anrichten und den geschnittenen Rehrücken aufsetzen. Den restlichen Jus mit Butter aufmontieren und über das Gemüse geben. Als Beilage Nussspätzli, Gnocci, Kartoffelgratin, Nudeln oder kleine Bratkartoffeln servieren.

INGRÉDIENTS

600 g	de selle de chevreuil parée
4 dl	de jus de chasse
30 g	de beurre froid en dés

Croûte

40 g	de porto blanc
50 g	de flocons de châtaignes (sèches, râpées)
50 g	de beurre
10 g	de crème entière liquide
1	jaune d'œuf
1 c.c.	de thym et de persil
1 pincée	de cannelle

Légumes

8	mini carottes
8	petits oignons rouges
8	oignons de printemps
100 g	de courgette jaune
200 g	de choux de Bruxelles
100 g	de chanterelles
12	châtaignes entières
	sel et poivre

SELLE DE CHEVREUIL RÔTIE «ZE GRIENU WASU» EN CROÛTE DE CHÂTAIGNES TESSINOISES ET LÉGUMES D'HIVER

Préparation

Assaisonner la selle de chevreuil et la saisir à feu vif. Poursuivre la cuisson au four à 180° durant environ 7 minutes (température au cœur 42°), puis laisser reposer 5 minutes. Faire tremper les flocons de châtaigne dans le porto. Monter en mousse au beurre et ajouter le reste des ingrédients, y compris la cannelle. Répartir la croûte sur la viande et gratiner brièvement avant de servir. Eplucher et couper les légumes, puis les sauter à l'huile d'olive dans une poêle, assaisonner et déglacer avec la moitié du jus de chasse et enfourner jusqu'à tendreté.

Présentation

Dresser sur une assiette les légumes et la selle de chevreuil, croûte vers le haut. Monter le reste du jus au beurre et verser sur les légumes. En accompagnement, servir des spätzli aux noix, par exemple, des gnocchis, un gratin de pommes de terre, des nouilles ou des petites pommes de terre sautées.

ROASTED SADDLE OF VENISON «ZE GRIENU WASU» WITH A TICINO CHESTNUT CRUST AND WINTER VEGETABLES

INGREDIENTS

600 g	trimmed venison saddle
4 dl	game jus
30 g	cold butter cut into cubes

For the crust

40 g	white port
50 g	chestnut flakes (dried and grated)
50 g	butter
10 g	cream
1	egg yolk
1 tsp	thyme and parsley
1 tiny pinch	cinnamon

For the vegetables

8	mini carrots
8	small red onions
8	spring onions
100 g	yellow zucchini
200 g	red cabbage
100 g	chanterelles
12	whole chestnuts
	Salt and pepper

Preparation

Season the venison saddle and brown quickly. Roast in the oven at 180 degrees for approximately 7 minutes until the meat has reached a core temperature of 42 degrees. Remove from the oven and leave to rest for 5 minutes. Soften the chestnut flakes with the port. Whisk the butter until foamy and mix with all the ingredients up to and including the cinnamon. Coat the meat with the chestnut mixture and gratinate just before serving. Peel and cut the vegetables and sauté in olive oil. Season to taste and deglaze with half of the game jus. Cook in the oven until soft.

To serve

Arrange the vegetables on a plate and cover with the sliced venison. Refine the remaining jus with butter and pour over the vegetables. Serve with nut dumplings, gnocchi, potato gratin, noodles or small roasted potatoes.

KUCHEN VON TANSANIA-SCHOKOLADE MIT FIOR DI LATTE EIS UND BAILEYS IRISH CREAM-SAUCE

ZUTATEN

Kuchen

85 g	Geröstete, gemahlene Mandeln
50 g	Tansania-Schokolade 70%
2	Frischeier Klasse 1
70 g	Weiche Butter
50 g	Zucker
	Salz
	Zitronenzeste

Baileys Irish Cream-Sauce

50 g	Milch
50 g	Rahm
25 g	Zucker
1	Eigelb
5 g	Cremepulver (oder Stärkepulver)
50 g	Baileys Irish Cream

Zubereitung Kuchen

Mandeln leicht rösten. Butter und Zucker schaumig schlagen. Schokolade im Wasserbad schmelzen. Mit Eigelb und Mandeln in die Masse geben. Geschlagenes Eiweiss darunter ziehen und in einen kleinen Tortenring oder eine gebutterte Coquotte abfüllen. Bei 170 Grad backen.

Sauce

Milch, Rahm und Zucker aufkochen. Eigelb mit Cremepulver mischen und zur Milch geben. Einmal aufkochen und passieren. Baileys unterrühren.

Anrichten

Den noch lauwarmen Kuchen auf dem Teller anrichten. Eine Kugel Fior di Latte Eis (oder Doppelrahm Vanilleeis) anlegen, mit frischen Beeren und Schokoladendekor garnieren. Die Baileys Irish Cream-Sauce separat reichen.

INGRÉDIENTS

Gâteau

85 g	d'amandes moulues grillées
50 g	de chocolat de Tanzanie à 70% de cacao
2	œufs frais de 1re qualité
70 g	de beurre ramolli
50 g	de sucre
	sel
	zeste de citron

Sauce au Baileys

50 g	de lait
50 g	de crème
25 g	de sucre
1	jaune d'œuf
5 g	de crème en poudre (ou de fécule)
50 g	de Baileys

GÂTEAU AU CHOCOLAT DE TANZANIE ACCOMPAGNÉ DE GLACE À LA FLEUR DE LAIT ET D'UNE SAUCE AU BAILEYS

Préparation gâteau

Griller légèrement les amandes. Battre en mousse le beurre et le sucre. Faire fondre le chocolat au bain-marie, puis l'incorporer à l'appareil avec le jaune d'œuf et les amandes. Ajouter ensuite les blancs en neige, puis verser le tout dans un petit moule à gâteau ou une cocotte beurrée. Cuire au four à 170°.

Sauce

Porter à ébullition le lait, la crème et le sucre. Mélanger le jaune d'œuf à la crème en poudre et verser dans le lait. Porter à ébullition, retirer du feu et passer à la passoire. Ajouter le Baileys.

Présentation

Dresser le gâteau encore chaud sur une assiette. Garnir d'une boule de glace à la fleur de lait (ou de glace vanille à la double crème), de baies fraîches et de liqueur au chocolat. Servir séparément la sauce au Baileys.

INGREDIENTS

Cake

85 g	roasted, ground almonds,
50 g	Tanzanian chocolate 70%
2	grade A fresh eggs
70 g	soft butter
50 g	sugar
	Salt
	Lemon zest

Baileys Irish Cream Sauce

50 g	milk
50 g	cream
25 g	sugar
1	egg yolk
5 g	custard powder or starch powder
50 g	Baileys Irish Cream

TANZANIAN CHOCOLATE CAKE WITH FIOR DI LATTE ICE CREAM AND BAILEYS IRISH CREAM-SAUCE

Preparation Cake

Lightly roast the almonds. Whisk the butter and sugar until foamy. Melt the chocolate over a hot water bath. Add the egg yolk and almonds. Fold in the beaten egg white. Pour into a small torte ring or a buttered cake pan. Bake at 170 degrees.

Sauce

Boil together the milk, cream and sugar. Mix the egg yolk with the custard powder and add to the milk. Bring to a boil and pass through a sieve. Stir in the Baileys.

To Serve

Arrange the warm cake on a plate. Add one scoop of Fior di Latte ice cream (or vanilla double cream ice cream). Garnish with fresh berries and chocolate decorations. Serve the Baileys Irish Cream sauce separately.

Grandhotel Schönegg

Reinhold Wrobel, Chef de cuisine

Sebastian, Marie-José und Anna Metry-Julen

mit Konrad Metry, Direktion

Grandhotel Schönegg
«Geniessen Sie in familiär geführter Atmosphäre mit aussergewöhnlichem Blick zum Matterhorn unsere gehobene Gastronomie. Feinste Kreationen aus der internationalen Küche, begleitet von edlen Weinen, lassen Sie die Welt um sich herum vergessen.»

Grandhotel Schönegg
«Goûtez à notre gastronomie de haut niveau dans une atmosphère familiale avec vue imprenable sur le Cervin. Des créations raffinées inspirées de la cuisine internationale accompagnées des meilleurs crus, rien de tel pour oublier un instant le monde qui vous entoure.»

Grandhotel Schönegg
«Enjoy exclusive gastronomy in a family-run atmosphere with an exceptional view of the Matterhorn. Forget the world around you with noble wines and the finest international cuisine.»

FENCHELLACHS-SAVARIN
AUF SPINATSALAT AN BALSAMICODRESSING

ZUTATEN

Fenchellachs

Masse:

66 g	Fenchel, ganz
33 g	Fenchelkraut
8 g	Dill
1	Knoblauchzehe
50 g	Petersilie
50 g	Zwiebeln

Gewürze:

33 g	Rohrzucker
33 g	Meersalz
3 g	Pfeffer
10 g	Paprikapulver
8 cl	Sonnenblumenöl
6 g	Fenchelsamen, leicht gemörsert

Fenchellachs-Savarin

160 g	Fenchellachs, leicht gefroren
4	Savarinformen (8 cm Durchmesser)
	Klarsichtfolie

Fenchellachs-Tartar

120 g	Fenchellachs
40 g	Gurken
40 g	Schalotten
10 g	Schnittlauch
etwas	Zitronensaft
15 g	Olivenöl
	Salz und Pfeffer

Balsamicodressing

½ dl	Aceto Balsamico
1,3 dl	Olivenöl
4 g	Zucker
3 cl	Bouillon
	Salz und Pfeffer

Spinatsalat

60 g	Salatspinat
20 g	Pinienkerne, geröstet
8–10	Radieschen

Zubereitung Fenchellachs

Zutaten für die Masse grob hacken oder nach Möglichkeit durch den Wolf drehen. Gewürze beigeben, alles gut mischen. Die gewürzte Masse auf dem Lachs verteilen und 24 Stunden stehen lassen. Am nächsten Tag die Masse unter fliessend kaltem Wasser abspülen.

Fenchellachs-Savarin

Savarinformen mit Klarsichtfolie auslegen. Den Fenchellachs auf der Aufschnittmaschine fein aufschneiden und überlappend in die Form legen. Ausgekleidete Form mit Lachs-Tartar füllen und leicht andrücken. Den überlappenden Lachs darüberschlagen und wieder leicht andrücken. Die Savarinform stürzen, die Plastikfolie entfernen und das Savarin auf dem Spinatsalat anrichten. Nach eigenen Ideen ausgarnieren.

Fenchellachs-Tartar

Fenchellachs in feine Würfel schneiden (ca. 4 mm). Gurke schälen, entkernen und ebenfalls in kleine Würfel schneiden. Schnittlauch fein schneiden und Schalotten fein hacken. Alle Zutaten in eine Schüssel geben, mischen und mit Salz und Pfeffer abschmecken.

Balsamicodressing

Balsamico mit Bouillon und Zucker in einer Schüssel verrühren. Unter ständigem Rühren das Olivenöl langsam beigeben. Mit Salz und Pfeffer abschmecken.

Spinatsalat

Salatspinat und Radieschen gut waschen, abtropfen lassen und in feine Julienne (Streifen) schneiden. Die gerösteten Pinienkerne dazugeben. Das Ganze mit dem vorbereitetem Balsamicodressing vermischen.

SAVARIN DE SAUMON AU FENOUIL SUR LIT DE *SALADE D'ÉPINARDS* À LA SAUCE AU *VINAIGRE BALSAMIQUE*

Préparation saumon au fenouil
Hacher grossièrement les ingrédients au couperet ou au hachoir. Ajouter les épices, bien mélanger le tout. Répartir l'appareil épicé sur le saumon et placer au réfrigérateur durant 24 heures. Le lendemain, rincer le saumon sous l'eau courante froide.

Savarin de saumon au fenouil
Tapisser les moules à savarin de film cellophane. Hacher menu le saumon au fenouil au hachoir, puis répartir dans les moules en recouvrant également les bords de la cellophane. Ajouter le tartare de saumon en tassant légèrement. Replier la cellophane recouverte de saumon au fenouil et tasser légèrement une nouvelle fois. Retourner les moules à savarin, retirer le film cellophane et dresser sur la salade d'épinards. Garnir à son gré.

Tartare de saumon au fenouil
Couper le saumon en petits dés d'environ 4 mm. Peler le concombre, l'épépiner, puis le couper également en petits dés. Emincer la ciboulette et hacher menu l'échalote. Mélanger tous les ingrédients dans une jatte, saler et poivrer.

Sauce au vinaigre balsamique
Battre le vinaigre balsamique avec le bouillon et le sucre dans une jatte. Ajouter l'huile d'olive lentement sans cesser de remuer. Saler et poivrer.

Salade d'épinards
Bien laver les épinards et les radis, essorer et couper en julienne. Ajouter les pignons grillés. Mélanger le tout à la sauce au vinaigre balsamique.

INGRÉDIENTS

Savarin de saumon au fenouil

160 g	de saumon au fenouil légèrement congelé
4	moules à savarin (8 cm de diamètre)
	cellophane

Tartare de saumon au fenouil

120 g	de saumon au fenouil
40 g	de concombre
40 g	d'échalote
10 g	de ciboulette
	un peu de jus de citron
15 g	d'huile d'olive
	sel et poivre

Saumon au fenouil
Appareil:

66 g	de fenouil entier
33 g	de feuilles de fenouil
8 g	d'aneth
1	gousse d'ail
50 g	de persil
50 g	d'oignon

Epices:

33 g	de sucre de canne
33 g	de sel marin
3 g	de poivre
10 g	de paprika
8 cl	d'huile de tournesol
6 g	de graines de fenouil légèrement concassées

Sauce au vinaigre balsamique

½ dl	de vinaigre balsamique
1,3 dl	d'huile d'olive
4 g	de sucre
3 cl	de bouillon
	sel et poivre

Salade d'épinards

60 g	d'épinards à salade
20 g	de pignons grillés
8 à 10	radis

SAVARIN OF *FENNEL-SALMON* ON *SPINACH SALAD* WITH BALSAMIC *VINEGAR DRESSING*

Preparation Fennel-Salmon
Roughly chop the ingredients for the marinade or if possible, chop in the food processor. Add the fennel seasoning and mix well. Spread the marinade over the salmon and leave for 24 hours then rinse off under cold running water.

Fennel-Salmon Savarin
Line the savarin moulds with plastic wrap. Finely slice the fennel salmon with a meat slicer. Lay out overlapping slices in the mould. Fill the dressed mould with the salmon tarter and lightly press. Cover with more overlapping slices and lightly press again. Turn out the savarin from the mould, remove the plastic wrap and arrange the savarin over the spinach. Garnish as desired.

Fennel-Salmon Tartar
Chop the fennel salmon into fine cubes (approximately 4 mm in size). Peel and deseed the cucumber and also cut into cubes. Finely chop the chives and shallots. Mix the ingredients in a bowl and season with salt and pepper.

Balsamic Vinegar Dressing
Combine the balsamic vinegar with the bouillon and sugar in a bowl. Gradually add the olive oil, stirring constantly. Season with salt and pepper

Spinach Salad
Thoroughly wash the spinach leaves and radishes. Drain and slice into fine julienne strips. Add the roasted pine nuts and mix well with the balsamic vinegar dressing.

INGREDIENTS

Fennel Salmon
Marinade:

66 g	fennel bulb
33 g	fennel leaves
8 g	dill
1	garlic clove
50 g	parsley
50 g	onions

Fennel Seasoning:

33 g	cane sugar
33 g	sea salt
3 g	pepper
10 g	ground paprika
8 cl	sunflower oil
6 g	fennel seeds, lightly ground

Fennel-Salmon Savarin

160 g	Fennel-salmon, lightly frozen
4	savarin moulds (8 cm in diameter)
	Plastic wrap

Fennel-Salmon Tartar

120 g	fennel-salmon
40 g	cucumber
40 g	shallots
10 g	chives
20–30 g	lemon juice
30–50 g	olive oil
	Salt and pepper

Balsamic Vinegar Dressing

½ dl	balsamic vinegar
1,3 dl	olive oil
4 g	sugar
3 cl	bouillon
	Salt and pepper

Spinach Salad

60 g	spinach leaves
20 g	pine nuts, roasted
8–10	radishes

GRILLIERTES KALBSSTEAK MIT CASSISCONFIT, KERBELNUDELN UND LAUCHDREIECKEN

ZUTATEN

Cassisconfit

150 g	Cassisbeeren
2 dl	Rotwein
2 dl	Portwein, rot
	Zucker, Maisstärke

Kalbssteak

4	Kalbssteak (150–180 g)
	Salz und Pfeffer

Kerbelnudeln

150 g	gesiebtes Mehl
1	Ei
25 g	Kerbel, gehackt
wenig	Rapsöl
wenig	Wasser

Lauchdreiecke

3 Stangen	Lauch, nur das Weisse (ca. 550 g)
Füllung:	
75 g	Lauch, fein geschnitten
15 g	Schalotten
10 g	Butter
100 g	Rahm
	Salz und Pfeffer

Sauce

4 dl	weisser Kalbsfond
1 dl	Rahm
etwas	Prosecco
70 g	Butter
	Salz und Pfeffer, Maisstärke

Zubereitung Cassisconfit
Rotwein, Portwein und Zucker zusammen aufkochen. Auf ca. 1 dl einreduzieren. Mit Maisstärke abbinden. Cassisbeeren beigeben und 2 Minuten leicht köcheln.

Kalbssteak
Mit Salz und Pfeffer würzen und beidseitig anbraten. Das Fleisch 4 bis 6 Minuten im Ofen bei 180 Grad braten. Danach 4 bis 5 Minuten bei 70 Grad ruhen lassen.

Kerbelnudeln
Zutaten zu einem glatten Teig kneten. Mindestens 1 Stunde ruhen lassen. Dünn auswallen und in ca. 5 mm breite und 25 cm lange Nudeln schneiden. Im Salzwasser kochen und abschmecken.

Lauchdreiecke und -juliennes
Füllung: Schalotten in Butter anziehen. Lauch beigeben, mit Salz und Pfeffer abschmecken. Rahm beigeben und einreduzieren lassen.
Dreiecke: Lauch der Länge nach halbieren und die grossen Blätter abziehen (ungefähr 20 cm lang). Im Salzwasser blanchieren und im Eiswasser abschrecken. Abschnitte in Würfel schneiden, der Füllung beigeben. Lauchblätter auf ein Brett legen und etwas Masse auf eines der Enden geben, dreieckig zusammenfalten. Im Wasserbad vorsichtig wärmen.
Juliennes: Lauch in feine Streifen schneiden und im Salzwasser kochen. Danach im Rapsöl frittieren. Auf einem Küchenpapier abtropfen lassen.

Sauce
Kalbsfond einreduzieren, Rahm und Prosecco beigeben, aufkochen. Butter darunter montieren, mit Salz und Pfeffer abschmecken. Mit Maisstärke zur gewünschten Konsistenz abbinden.

STEAK DE VEAU GRILLÉ AVEC SON CONFIT AU CASSIS, NOUILLES AU CERFEUIL ET TRIANGLES AU POIREAU

Préparation confit au cassis
Porter le vin rouge, le porto et le sucre à ébullition et faire réduire à environ 1 dl. Lier avec la maïzena. Ajouter les baies de cassis et laisser mijoter 2 minutes à feu doux.

Steak de veau
Saler, poivrer et saisir des deux côtés, puis glisser la viande au four pendant 4 à 6 minutes à 180°. Laisser ensuite reposer 4 à 5 minutes au four à 70°.

Nouilles au cerfeuil
Malaxer les ingrédients de sorte à obtenir une pâte lisse. Laisser reposer au moins 1 heure. Abaisser ensuite la pâte en une couche fine et découper des nouilles (à peu près 5 mm de largeur sur 25 cm de longueur). Cuire dans l'eau salée et assaisonner.

Triangles au poireau et julienne
Farce: faire revenir l'échalote dans du beurre. Ajouter le poireau, saler et poivrer. Incorporer la crème et faire réduire.

Triangles: couper le poireau en deux dans la longueur et retirer les grandes feuilles (environ 20 cm de long). Blanchir dans l'eau salée, puis passer sous l'eau glacée. Découper les bouts en dés et les incorporer à la farce. Poser les feuilles de poireau sur une planche et déposer un peu de farce sur l'une des extrémités; former des triangles. Chauffer prudemment au bain-marie.

Julienne: tailler le poireau en filaments, le cuire dans l'eau salée, puis le frire dans de l'huile de colza. Poser ensuite sur un papier absorbant.

Sauce
Faire réduire le fond de veau, ajouter la crème et le prosecco, porter à ébullition. Monter au beurre, saler et poivrer. Lier avec de la maïzena jusqu'à obtention de la consistance souhaitée.

INGRÉDIENTS

Confit au cassis		***Triangles au poireau***	
150 g	de baies de cassis	3	poireaux, le blanc uniquement (env. 550 g)
2 dl	de vin rouge	Farce:	
2 dl	de porto rouge	75 g	de poireau finement émincé
	sucre, maïzena	15 g	d'échalote
Steak de veau		10 g	de beurre
4	steaks de veau (150 à 180 g)	100 g	de crème
	sel et poivre		sel et poivre
Nouilles au cerfeuil		***Sauce***	
150 g	de farine tamisée	4 dl	de fond de veau blanc
1	œuf	1 dl	de crème
25 g	de cerfeuil haché		un peu de prosecco
	un peu d'huile de colza	70 g	de beurre
	un peu d'eau		sel, poivre, maïzena

GRILLED VEAL STEAK WITH BLACK CURRANT CONFIT, CHERVIL NOODLES AND LEEK TRIANGLES

Preparation Black Currant Confit
Boil together the red wine, port and sugar until reduced to approximately 1dl. Bind the sauce with the potato starch. Add the black-currants and simmer lightly for 2 minutes.

Veal Steak
Season with salt and pepper and brown on both sides. Bake in the oven for 4–6 minutes at 180 degrees. Leave to rest in the oven for 4–5 minutes at 70 degrees.

Chervil Noodles
Knead the ingredients into a smooth dough. Leave to rest for at least 1 hour. Roll out flat and slice into noodles of approximately 5 mm thickness and 25 cm length. Boil in salted water and season to taste.

Leek Triangles and Julienne Strips
Filling: lightly fry the shallot in butter. Add the leeks and season with salt and pepper. Pour in the cream and reduce the sauce.
Triangles: Halve the leeks lengthwise and pull off the large leaves (approximately 20 cm long). Blanche in salted water and plunge into iced water. Cut the remaining leek into cubes and add to the filling. Lay out the leek leaves on a tray. Place some of the filling on one end of the leaf and fold into triangles. Carefully heat over a water bath.

Sauce
Reduce the veal stock. Add the cream and Prosecco and bring to a boil. Refine with the butter. Season with salt and pepper. Thicken to the desired consistency with potato starch.

INGREDIENTS

Black currant confit		***Leek triangles***	
150 g	black currants	3	leeks, white parts only (approximately 550 g)
2 dl	red wine	Filling:	
2 dl	red port	75 g	finely chopped leek
	Sugar, potato starch	15 g	shallots
Veal steak		10 g	butter
4	veal steaks of 150–180 g each	100 g	cream
	Salt and pepper		Salt and pepper
Chervil Noodles		***Sauce***	
150 g	sieved flour	4 dl	white veal stock
1	egg	1 dl	cream
25 g	chopped chervil		Small amount of Prosecco
	Small amount of rapeseed oil	70 g	butter
	Small amount of water		Salt and pepper, potato starch

INGRÉDIENTS

Crème diplomate

250 g	de lait
45 g	de sucre
22 g	de crème en poudre
1	jaune d'œuf
15 g	de beurre
1	feuille de gélatine
100 g	de crème fouettée

Fraises marinées

env. 12	fraises finement hachées
5	feuilles de menthe poivrée
10 g	de grand marnier
50 g	de sucre
	un peu de vinaigre balsamique blanc

Rhubarbe pochée

env. 3	pétioles de rhubarbe
1	orange
1	citron
½	bâton de cannelle
1	étoile d'anis
4	feuilles de menthe poivrée
150 g	de sucre
45 g	d'eau

Sorbet fraise aux fleurs de sureau

250 g	de pulpe de fraise
10 g	de jus de citron
150 g	de sirop de fleurs de sureau
80 g	d'eau
120 g	de sucre
3 g	de stabilisateur de sorbet

DIALOGUE DE FRAISES ET DE RHUBARBE EN MANTEAU DE PÂTE FEUILLETÉE AVEC MENTHE POIVRÉE ET SUREAU

Préparation crème diplomate
Porter le lait et la moitié du sucre à ébullition. Incorporer le jaune d'œuf, puis le reste du sucre. Laisser cuire pendant 1 minute avant d'ajouter le beurre. Laisser refroidir la crème au réfrigérateur, puis ajouter la gélatine et la crème fouettée. Placer au frais.

Fraises marinées
Faire mariner les fraises avec le sucre, les feuilles de menthe poivrée, le vinaigre balsamique et le grand marnier pendant environ 1 heure au réfrigérateur.

Rhubarbe pochée
Couper la rhubarbe en morceaux de 3 cm sans la peler. Ajouter l'étoile d'anis, les feuilles de menthe poivrée, le bâton de cannelle, l'orange et le citron (coupés en dés avec leur écorce). Entre-temps, porter le sucre et l'eau à ébullition, puis en arroser les fruits. Glisser au four à 180° pendant environ 20 minutes. Conserver au frais.

Sorbet fraises aux fleurs de sureau
Porter l'eau, le sucre et le stabilisateur à ébullition. Ajouter le jus de citron, le sirop de fleurs de sureau et la pulpe de fraise et congeler dans la sorbetière. Conserver au frais.

Badigeonner le sirop de sucre au pinceau sur la pâte feuilletée et faire dorer au four à 180°. Former ensuite des couches de pâte feuilletée et de rhubarbe sur une assiette. Dresser avec la crème, les fraises et le sorbet.

DIALOGUE OF STRAWBERRIES AND RHUBARB IN PUFF PASTRY WITH PEPPERMINT AND ELDERBERRY

INGREDIENTS

Diplomat Cream

250 g	milk
45 g	sugar
22 g	custard powder
1	egg yolk
15 g	butter
1	gelatine leaf
100 g	whipping cream

Marinated Strawberries

Approx. 12	strawberries, finely sliced
5	peppermint leaves
10 g	Grand Marnier
50 g	sugar
	Small amount of white balsamic vinegar

Poached Rhubarb

Approx. 3	rhubarb stalks
1	orange
1	lemon
½	cinnamon stick
1	star anis
4	peppermint leaves
150 g	sugar
45 g	water

Strawberry-Elderberry Sorbet

250 g	strawberry pulp
10 g	lemon juice
150 g	elderberry syrup
80 g	water
120 g	sugar
3 g	sorbet stabiliser

Preparation Diplomat Cream
Boil the milk with half of the sugar. Mix in the egg yolk and add the remaining sugar. Simmer for 1 minute. Mix in the butter. Allow to cool in the refrigerator and then add the gelatine and whipping cream and chill.

Marinated Strawberries
Marinate the strawberries in a the sugar, peppermint leaves, balsamic vinegar and grand Marnier for at least 1 hour.

Poached Rhubarb
Slice the unpeeled rhubarb into 3 large sections. Add the star anis, peppermint leaves, cinnamon stick, orange and lemon (with the peel cut into cubes). Meanwhile, boil together the sugar and water and pour over the fruit. Bake in the oven for approximately 20 minutes at 180 degrees and then chill.

Strawberry-Elderberry Sorbet
Boil together the water, sugar and sorbet stabiliser. Add the lemon juice, elderberry syrup and strawberry pulp. Freeze in the ice cream machine and store in the freezer. Paint the puff pastry with sugared water and bake in the oven at 180 degrees until golden brown. Layer the puff pastry and rhubarb on a plate. Decorate with the diplomat cream, strawberries and sorbet.

DIALOG VON ERDBEERE UND RHABARBER IM BLÄTTERTEIG MIT PFEFFERMINZE UND HOLUNDER

ZUTATEN

Diplomatencreme

250 g	Milch
45 g	Zucker
22 g	Cremepulver
1	Eigelb
15 g	Butter
1 Blatt	Gelatine
100 g	Schlagrahm

Marinierte Erdbeeren

ca. 12	Erdbeeren, fein geschnitten
5 Blätter	Pfefferminze
10 g	Grand Marnier
50 g	Zucker
wenig	Weisser Balsamico

Pochierte Rhabarber

ca. 3 Stangen	Rhabarber
1	Orange
1	Zitrone
½	Zimtstange
1	Anisstern
4	Pfefferminzblätter
150 g	Zucker
45 g	Wasser

Erdbeer-Holunderblütensorbet

250 g	Erdbeerpulpe
10 g	Zitronenjus
150 g	Holunderblütensirup
80 g	Wasser
120 g	Zucker
3 g	Sorbet-Stabilisator

Zubereitung Diplomatencreme
Die Milch mit der Hälfte des Zuckers zum Kochen bringen. Das Eigelb darunter mischen und den Rest des Zuckers hinzufügen. Während 1 Minute kochen lassen, Butter hinzufügen. Creme im Kühlschrank abkühlen lassen, danach die Gelatine und den Schlagrahm hinzufügen. Kühl aufbewahren.

Marinierte Erdbeeren
Erdbeeren in der Marinade aus Zucker, Pfefferminzblättern, Balsamico und Grand Marnier mindestens 1 Stunde ziehen lassen. Kühl aufbewahren.

Pochierte Rhabarber
Rhabarber ungeschält in 3 cm grosse Stücke schneiden. Anisstern, Pfefferminzblätter, Zimtstange, Orange und Zitrone (mit Schale in Würfel geschnitten) hinzufügen. In der Zwischenzeit den Zucker mit Wasser aufkochen und über die Früchte giessen. Während ca. 20 Minuten bei 180 Grad in den Ofen schieben. Kühl aufbewahren.

Erdbeere-Holunderblütensorbet
Wasser mit Zucker und Stabilisator aufkochen. Zitronensaft, Holunderblütensirup und Erdbeerpulpe beigeben und in der Glacemaschine gefrieren. Im Tiefkühler aufbewahren.

Blätterteig mit Leuterzucker bepinseln und bei 180 Grad goldbraun backen. Blätterteig und Rhabarber auf einen Teller aufschichten. Mit Creme, Erdbeeren und Sorbet anrichten.

Hotel Silvana
Restaurant
Gitz-Gädi

Michael Sauer, Chef de cuisine

Hotelinhaber Dany und Felicitas Biner, Direktion

Hotel Silvana, Furi Zermatt

«Mein Ziel ist es, die klassische (alpenländische) Schweizer, Deutsche und Französische Küche nicht in Vergessenheit geraten zu lassen und sie unseren Gästen wieder näher zu bringen. Dass dabei immer wieder neue Kreationen oder abgewandelte Klassiker «geboren» werden, liegt meinem kreativen Küchenteam am Herzen. Dazu verwenden wir möglichst frische Ausgangsprodukte und bereiten diese in einer traditionellen Kochweise zu.» Michael Sauer (Michl)

Hôtel Silvana, Furi Zermatt

«Je m'efforce de ne pas laisser tomber la cuisine traditionnelle (alpestre) suisse, allemande et française dans l'oubli, mais de la faire découvrir à nos hôtes. Ma brigade nourrit une passion particulière pour les créations nouvelles ou les classiques revisités. Pour la confection de nos plats, nous utilisons si possible des produits frais et les apprêtons de manière traditionnelle.» Michael Sauer (Michl)

Hotel Silvana, Furi Zermatt

«My goal is to preserve the classical Alpine cuisine of Switzerland, Germany and France and to familiarize our guests with its traditional dishes. We use only the freshest produce possible and prepare it in time-honoured fashion. My inventive kitchen team enjoys creating new versions of these timeless classics.»

Michael Sauer (Michl)

MEDAILLON VOM SCHWEINEFILET MIT PFLAUMEN UND BIRNEN IN AQUAVIT FLAMBIERT UND KARTOFFEL-PLÄTZCHEN

ZUTATEN

Filet

600 g	Schweinefilet (ca. 2 kleine Filets)
12	Pflaumen, getrocknet
1	Birne
2 cl	Aquavit
2 dl	Rahm
4 dl	Braten-Fond
	Salz und Pfeffer
	Kümmel
1 El	Pflanzenöl

Kartoffel-Plätzchen

600 g	mehlig kochende Kartoffeln
2	Eigelb
50 g	Kartoffelstärke
10 g	Petersilie
50 g	Speck
½	Zwiebel
	Salz und weissen Pfeffer
	Muskat
1 El	Butter

Zubereitung Filet

Das Schweinefilet von allen Sehnen befreien, in vier gleichmässige Stücke schneiden und hochkant leicht plattieren. Mit Salz, Pfeffer und etwas Kümmel würzen. Die Pflaumen halbieren und die Birnen schälen, vom Kerngehäuse befreien und in Spalten schneiden. Nun die Medaillons kurz von beiden Seiten in heissem Öl anbraten, die Pflaumen und die Birnen zugeben und mit dem Aquavit flambieren. Dann mit dem Rahm ablöschen, kurz einreduzieren lassen und den Braten-Fond dazugeben. Noch einmal aufkochen und 5 bis 10 Minuten ruhen lassen.

Kartoffeln

Die Kartoffeln schälen und kochen. Die heissen Kartoffeln durch eine Kartoffelpresse drücken und mit einem Holzlöffel die beiden Eigelb und die Hälfte der Kartoffelstärke unterrühren. Die vorher ausgelassenen Speck- und Zwiebelwürfel zusammen mit der gehackten Petersilie einarbeiten. Mit Salz, etwas weissem Pfeffer und einer Messerspitze Muskat abschmecken. Die Masse noch warm zu einer ca. 5 bis 6 cm dicken Rolle formen, durch die restliche Kartoffelstärke rollen und 3 bis 4 Stunden kühlstellen. Dann in 1 bis 2 cm dicke Scheiben schneiden und in der Butter von beiden Seiten goldgelb anbräunen.

MÉDAILLONS DE PORC À L'AQUAVIT ACCOMPAGNÉS DE PRUNEAUX ET DE POIRES FLAMBÉS ET DE GALETTES DE POMMES DE TERRE

INGRÉDIENTS

Filet

600 g	*de filet de porc (env. 2 petits filets)*
12	*pruneaux secs*
1	*poire*
2 cl	*d'aquavit*
2 dl	*de crème*
4 dl	*de fond de rôti*
	sel et poivre
	cumin
1 c.s.	*d'huile végétale*

Galettes de pommes de terre

600 g	*de pommes de terre farineuses*
2	*jaunes d'œufs*
50 g	*de fécule de pommes de terre*
10 g	*de persil*
50 g	*de lard*
½	*oignon*
	sel et poivre blanc
	muscade
1 c.s.	*de beurre*

Préparation filet

Retirer les tendons du filet de porc, le couper en quatre parts égales et aplatir légèrement les extrémités. Assaisonner de sel, de poivre et d'un peu de cumin. Partager les pruneaux en deux et peler les poires, enlever le cœur et couper en tranches. Saisir rapidement les médaillons des deux côtés dans l'huile très chaude, ajouter les pruneaux et les poires et flamber à l'aquavit. Déglacer à la crème, faire brièvement réduire et incorporer le fond de rôti. Porter encore une fois à ébullition, puis laisser reposer 5 à 10 minutes.

Pommes de terre

Eplucher et cuire les pommes de terre. Les passer au presse-purée lorsqu'elles sont encore chaudes et, à l'aide d'une spatule en bois, mélanger les deux jaunes d'œufs et la moitié de la fécule. Incorporer les dés de lard et l'oignon préalablement préparés et le persil haché. Assaisonner de sel, d'un peu de poivre blanc et d'une pincée de muscade. Façonner la pâte encore chaude de sorte à obtenir un rouleau de 5 à 6 cm de diamètre, le passer dans le reste de la fécule et réserver au frais pendant 3 à 4 heures. Couper ensuite des tranches de 1 à 2 cm et les faire dorer des deux côtés dans du beurre.

PORK FILET MEDALLIONS FLAMBÉED IN AQUAVIT WITH PRUNES AND PEAR AND POTATO CAKES

INGREDIENTS

Filet

600 g	*pork filet (approximately 2 small filets)*
12	*prunes*
1	*pear*
2 cl	*aquavit*
2 dl	*cream*
4 dl	*demiglace*
	Salt, pepper and cumin
1 tbsp	*vegetable oil*

Potato Cakes

600 g	*floury potatoes*
2 egg	*yolks*
50 g	*potato starch*
10 g	*parsley*
50 g	*bacon*
½	*onion*
	Salt, white pepper, nutmeg
1 tbsp	*butter*

Preparation Filet

Trim any sinew from the pork filet and cut into four even pieces. Lightly flatten edgewise. Season with salt, pepper and some cumin. Cut the prunes in half. Peel and de-seed the pear and slice lengthwise. Brown the filet medallions on both sides in hot oil. Add the prunes and pear slices and flambé. Deglaze with the cream, reduce quickly and add the demiglace. Bring the mixture to a boil then leave to rest for 5–10 minutes.

Potatoes

Peel and cook the potatoes. Press the hot potatoes through a potato sieve. Stir in the two egg yolks and half of the potato starch using a wooden spoon. Work in the bacon and onion cubes and the chopped parsley. Season with salt, pepper and a dash of nutmeg. Form into a 5–6 cm thick roll while the mixture is still warm. Coat in the remaining potato starch and refrigerate for 3–4 hours. Cut into 1–2 cm thick slices and fry in butter on both sides until golden brown.

FLAN À LA SEMOULE AUX ABRICOTS DU VALAIS CHAUDS

INGRÉDIENTS

Flan à la semoule

½ l	de lait
1	gousse de vanille
1	zeste de citron
25 g	de semoule
4	feuilles de gélatine
3	jaunes d'œufs
60 g	de sucre
2 dl	de crème
2 c.s.	de sucre glace

Abricots du Valais

300 g	d'abricots du Valais
75 g	de sucre
1 c.s.	de miel de forêt
1	orange
30 g	d'amandes en bâtonnets
2 cl	de liqueur d'abricot

Préparation flan à la semoule

Porter brièvement à ébullition le lait avec la gousse de vanille fendue dans la longueur et le zeste de citron. Passer ensuite à la passoire, mélanger la semoule au lait et faire épaissir brièvement à feu modéré. Ajouter la gélatine ramollie. Battre en crème le sucre et les jaunes d'œufs et incorporer peu à peu dans l'appareil à la semoule. Placer la jatte dans l'eau glacée et mélanger jusqu'à refroidissement, ajouter la crème fouettée avec le sucre glace. Verser dans de petits moules légèrement huilés et placer 3 à 4 heures au réfrigérateur.

Abricots du Valais

Blanchir rapidement les abricots dans l'eau bouillante (environ 30 à 60 secondes), puis les plonger immédiatement dans l'eau froide pour pouvoir en retirer facilement la peau. Dénoyauter et couper en quartiers. Porter à ébullition le sucre, le miel de forêt, le jus d'orange, le zeste d'orange et la liqueur d'abricot et faire réduire jusqu'à épaississement. Ajouter les lamelles d'abricot et les bâtonnets d'amande grillés, mélanger et laisser un peu refroidir.

SEMOLINA PUDDING WITH WARM VALAIS APRICOTS

INGREDIENTS

Semolina pudding

½ l	milk
1	vanilla bean
1	Grated peel of lemon
25 g	semolina
4	gelatine leaves
3	egg yolks
60 g	sugar
2 dl	cream
2 tbsp	powder sugar

Valais Apricots

300 g	apricots from Valais
75 g	sugar
1 tbsp	forest honey
1	orange
30 g	almond slivers
2 cl	apricot liqueur

Preparation Semolina Pudding

Quickly boil together the milk, the vanilla bean (sliced lengthwise) and the grated lemon peel. Pass through a sieve. Stir the semolina into the milk and thicken for a short time over moderate heat. Mix in the softened gelatine. Beat the sugar and egg until creamy. Gradually add to the semolina mixture. Stir the semolina until cold over an ice water bath. Whip the cream and powder sugar and fold into the mix. Pour into lightly greased forms and refrigerate for 3–4 hours.

Glazed Valais Apricots

Quickly blanche the apricots in boiling water for approximately 30–60 seconds. Plunge immediately into iced water to remove the skin. Remove the stones and cut into slices. Boil together the sugar, forest honey, orange juice, grated orange peel and apricot liqueur. Reduce until the mixture starts to thicken. Mix in the sliced apricots and roasted almond slivers and leave to cool slightly.

GRIESSFLAMMERIE MIT WARMEN WALLISER APRIKOSEN

ZUTATEN

Griessflammerie

½ l	Milch
1	Vanilleschote
1	Abgeriebene Zitronenschale
25 g	Griess
4 Blatt	Gelatine
3	Eigelb
60 g	Zucker
2 dl	Sahne
2 El	Puderzucker

Walliser Aprikosen

300 g	Walliser Aprikosen
75 g	Zucker
1 El	Waldhonig
1	Orange
30 g	Mandelstifte
2 cl	Aprikosenlikör

Zubereitung Griessflammerie

Die Milch mit der längs halbierten Vanilleschote und der abgeriebenen Zitronenschale kurz aufkochen. Danach durch ein Sieb passieren, den Griess in die Milch einrühren und bei mässiger Hitze kurz andicken lassen. Dann die eingeweichte Gelatine unterrühren. Den Zucker mit den Eigelb cremig schlagen und nach und nach in die Griessmasse geben. In Eiswasser kalt rühren und die mit dem Puderzucker steif geschlagene Sahne unterheben. In leicht geölte Förmchen füllen und 3–4 Stunden kalt stellen.

Walliser Aprikosen

Die Aprikosen kurz in kochendem Wasser blanchieren (ca. 30 bis 60 Sekunden), danach sofort ins Eiswasser geben, um die Haut abziehen zu können. Entsteinen und in Spalten schneiden. Den Zucker mit dem Waldhonig, dem Orangensaft, der abgeriebenen Orangenschale und dem Aprikosenlikör aufkochen und einreduzieren lassen, bis die Masse leicht andickt. Die Aprikosenspalten und die gerösteten Mandelstifte zugeben, durchschwenken und ein wenig auskühlen lassen.

Grill Room Spycher

Bernard O. Perren, Chef rotîsseur und Gastgeber

Grill Room Spycher

«Wir kreieren – in Harmonie zwischen Tradition und moderner Kochkunst – vorzügliche Speisen mit hohem Niveau und reizvollen Arrangements zu gelungenen Kompositionen. In unserer Küche verwenden wir nur erstklassige, marktfrische, einheimische Produkte und gewährleisten dadurch, dass unsere Küche beständig, frisch, leicht bekömmlich und ausgewogen ist. Die Speisen sollen sich natürlich entfalten und sich mit unseren erlesenen Weinen genussvoll ergänzen. Essen soll ein Sinn- und ein immer wiederkehrendes Genusserleben sein, dadurch soll sich die Begeisterung unseres Küchenteams auf die Gäste aufs Beste übertragen.»

Bernard O. Perren

Grill Room Spycher

«En alliant tradition et art culinaire moderne, nous créons des plats délicats et élaborés tout en finesse et mettons notre inspiration au profit de compositions tant alléchantes qu'harmonieuses. Dans notre cuisine, nous utilisons uniquement des produits du marché, de la région, de première qualité et proposons une cuisine constante, fraîche, digeste et équilibrée. Les mets exhalent toute leur saveur de manière naturelle et se marient à merveille avec des crus minutieusement sélectionnés. Manger doit être un moment de plaisir intense pour les papilles et les sens. L'enthousiasme de notre brigade saura séduire nos hôtes.»

Bernard O. Perren

Grill Room Spycher

«We create attractively combined, exquisite dishes of the highest quality that are in harmony with traditional and modern cooking. In our kitchen we only use first class, market fresh, local produce to ensure that our cuisine remains consistent, fresh, light and well-balanced. The meals should develop naturally and harmonise with our specially selected wines. Dining should be a recurring enjoyment of the senses. We want to transmit our kitchen team's enthusiasm to our guests.»

Bernard O. Perren

ROTES UND GELBES PAPRIKASÜPPCHEN MIT SAUTIERTEM KALBSBRIES

ZUTATEN

Gelbes Paprikasüppchen

1	Mittelgrosse Zwiebel
500 g	Gelbe Paprika
5 dl	Gemüsebouillon
20 g	Mehl
30 g	Butter
etwas	Geschlagener Rahm
	Salz und Pfeffer

Rotes Paprikasüppchen

1	Mittelgrosse Zwiebel
500 g	Rote Paprika
5 dl	Gemüsebouillon
20 g	Mehl
30 g	Butter
etwas	Geschlagener Rahm
	Salz und Pfeffer

Kalbsbries

200 g	Vorbereitetes Kalbsbries
20 g	Butter
etwas	Mehl
	Salz und Pfeffer

Zubereitung

Zwiebel in Würfel schneiden, gelbe Paprika entkernen und diese ebenfalls in Würfel schneiden. Beides in Butter kurz andünsten, mit Mehl stäuben und mit Gemüsebouillon auffüllen. Leicht köcheln bis die Paprika weich ist, dann zu einer feinen Suppe mixen. Zum Schluss die Suppe durch ein Sieb giessen, mit Salz und Pfeffer abschmecken und mit Rahm verfeinern. Die rote Paprika ebenso zubereiten.

Das geputzte Kalbsbries in Scheiben schneiden und mit Mehl bestäuben. In einer heissen Pfanne kurz anbraten und würzen.

Beide Suppen mit Hilfe von zwei Kellen gleichzeitig in einen Teller giessen, damit sich ein schönes Muster bildet. Das Kalbsbries zur Suppe geben und nach Belieben garnieren.

SOUPE AUX DEUX POIVRONS AVEC RIS DE VEAU SAUTÉS

INGRÉDIENTS

Soupe au poivron jaune

1	oignon moyen
500 g	de poivrons jaunes
5 dl	de bouillon de légumes
20 g	de farine
30 g	de beurre
	un peu de crème fouettée
	sel et poivre

Soupe au poivron rouge

1	oignon moyen
500 g	de poivrons rouges
5 dl	de bouillon de légumes
20 g	de farine
30 g	de beurre
	un peu de crème fouettée
	sel et poivre

Ris de veau

200 g	de ris de veau préparés
20 g	de beurre
	un peu de farine
	sel et poivre

Préparation

Hacher les oignons, épépiner les poivrons jaunes et les couper en dés. Faire revenir brièvement dans du beurre, saupoudrer de farine et mouiller de bouillon de légumes. Cuire à feu doux jusqu'à tendreté des poivrons, puis réduire en purée au mixeur. Passer la soupe à la passoire, saler et poivrer, affiner avec de la crème. Procéder de la même manière avec les poivrons rouges.

Découper les ris de veau nettoyés en tranches et saupoudrer de farine. Poêler brièvement à feu vif et assaisonner.

À l'aide de deux louches, verser les deux soupes en même temps dans une assiette de manière à former un joli dessin. Ajouter les ris de veau dans la soupe et garnir selon les goûts.

RED AND YELLOW BELL PEPPER SOUP WITH SAUTÉED VEAL SWEETBREADS

INGREDIENTS

Yellow Bell Pepper Soup

1	medium onion
500 g	yellow bell peppers
5 dl	vegetable bouillon
20 g	flour
30 g	butter
	Small amount of whipped cream
	Salt and pepper

Red Bell Pepper Soup

1	medium onion
500 g	red bell peppers
5 dl	vegetable bouillon
20 g	flour
30 g	butter
	Small amount of whipped cream
	Salt and pepper

Veal Sweetbreads

200 g	cleaned veal sweetbreads
20 g	butter
	Small amount of flour
	Salt and pepper

Preparation

Chop the onion into cubes. Deseed the yellow bell pepper and cube. Lightly fry the onion and bell pepper in butter, dust with flour and cover with the vegetable bouillon. Gently simmer until the pepper is soft. Purée into a light soup and pass through a sieve. Season with salt and Pepper. Refine with the cream. Prepare the red bell pepper soup in the same way. Slice the cleaned veal sweetbreads. Dust with flour. Quickly sauté in a hot pan and season. Using two ladles, simultaneously pour the two soups into a dish to form an attractive pattern. Add the veal sweetbreads to the soup and garnish as desired.

POITRINE DE PINTADE FARCIE À LA SAUCE AU MADÈRE, CHIPS DE POMMES DE TERRE BLEUES ET ROMANESCO AU BEURRE DE FRUITS SECS

INGRÉDIENTS

Poitrine de pintade

4	poitrines de pintade sans os ni peau (env. 100g)
80 g	de poitrine de poulet
80 g	de crème
300 g	de cèpes frais
2	échalotes
20 g	de cerfeuil ou persil haché
2	coiffes de porc (disponibles chez le boucher)
	sel et poivre

Sauce au madère

1 dl	de madère
1	échalote
2 dl	de sauce brune
1	truffe d'été
	sel et poivre

Chips de pommes de terre bleues

400 g	de pommes de terre bleues
	huile à frire
	sel et poivre

Romanesco

400 g	de chou romanesco
50 g	de fruits secs oléagineux hachés
	un peu de beurre
	sel et poivre

Préparation poitrine de pintade

Couper la poitrine de poulet en lamelles et la congeler légèrement. Placer la crème au frais. Découper les cèpes en cubes, hacher les échalotes et faire sauter brièvement le tout, puis assaisonner. Ajouter le cerfeuil finement haché et mettre au frais. Faire une farce avec le blanc de poulet et la crème. Incorporer les cèpes et assaisonner. Huiler une feuille de cellophane au pinceau. Epicer la poitrine de pintade et la poser à plat sur la cellophane. Badigeonner de farce aux cèpes et recouvrir d'une seconde poitrine de pintade. Rouler la viande dans la cellophane en serrant bien et placer au réfrigérateur pendant une heure. Ensuite, retirer la cellophane. Emballer la poitrine de pintade fermement dans la coiffe de porc. Saisir brièvement les petits paquets de tous les côtés, puis les enfourner à 200° pendant 25 à 30 minutes.

Sauce au madère

Couper l'échalote en lamelles, l'ajouter au madère, puis faire réduire de moitié. Passer à la passoire et incorporer la sauce brune. Pour terminer, passer la truffe d'été au mixeur dans la sauce. Garder 4 fines lamelles pour la décoration.

Chips de pommes de terre bleues

Eplucher les pommes de terre et découper en lamelles ultrafines. Frire et assaisonner.

Romanesco

Cuire le chou romanesco dans l'eau salée pour qu'il reste croquant, puis le plonger brièvement dans l'eau froide. Rissoler les fruits oléagineux hachés dans le beurre et ajouter le chou romanesco.

STUFFED BREAST OF GUINEA FOWL IN MADEIRA SAUCE, WITH BLUE POTATO CHIPS AND ROMANESCO IN NUT BUTTER

INGREDIENTS

Breast of Guinea Fowl

4	guinea fowl breasts of approx. 100 g each, with skin and bones removed
80 g	chicken breast
80 g	cream
300 g	fresh boletus mushrooms
2	shallots
20 g	chopped chervil or parsley
2	pork caul fats (available from the butcher)
	Salt and pepper

Madeira Sauce

1 dl	Madeira
1	shallot
2 dl	brown sauce
1	summer truffle
	Salt and pepper

Blue Potato Chips

400 g	blue potatoes
	Oil for frying
	Salt and pepper

Romanesco

400 g	Romanesco
50 g	chopped nuts
	Small amount of butter
	Salt and pepper

Preparation Breast of Guinea Fowl

Slice the chicken breast into strips and lightly freeze. Refrigerate the cream. Chop the boletus mushrooms into cubes. Chop the shallots. Lightly fry the mushrooms and shallots and season. Add the finely chopped chervil and refrigerate. Blend the chicken breast and cream into a paste. Mix in the mushrooms and season. Spread out a sheet of plastic wrap. Dab with oil. Season the guinea fowl breasts and lay them out flat on the plastic wrap. Spread the mushroom filling over two breasts and cover each one with another guinea fowl breast. Firmly roll the meat in the plastic wrap and refrigerate for 1 hour. Remove the plastic wrap and firmly pack the breasts in the caul fats. Quickly brown the packages on all sides and bake in the oven for 25–30 minutes at 200 degrees.

Madeira Sauce

Slice the shallot into strips. Add the Madeira and reduce by half. Pass through a fine sieve and cover with the brown sauce. Stir in the truffle before serving, saving four this slices for the garnish.

Blue Potato Chips

Peel the potatoes and slice very thinly. Fry and season.

Romanesco

Cook the romanesco in salted water until just firm. Plunge into iced water. Sauté the chopped nuts in butter. Coat the Romanesco in the melted nut-butter

GEFÜLLTE PERLHUHNBRUST AN MADEIRASAUCE, BLAUE KARTOFFELCHIPS UND ROMANESCO IN NUSSBUTTER

ZUTATEN

Perlhuhnbrust

4	Perlhuhnbrust ohne Haut und Knochen (je ca. 100 g)
80 g	Pouletbrust
80 g	Rahm
300 g	Frische Steinpilze
2	Schalotten
20 g	Kerbel oder Petersilie, gehackt
2	Schweinsnetze (beim Metzger erhältlich)
	Salz und Pfeffer

Madeirasauce

1 dl	Madeira
1	Schalotte
2 dl	Braune Sauce
1	Sommertrüffel
	Salz und Pfeffer

Blaue Kartoffelchips

400 g	Blaue Kartoffeln
	Öl zum Frittieren
	Salz und Pfeffer

Romanesco

400 g	Romanesco
50 g	Nüsse, gehackt
etwas	Butter
	Salz und Pfeffer

Zubereitung Perlhuhnbrust
Pouletbrust in Streifen schneiden, im Froster leicht anfrieren. Rahm kühl stellen. Steinpilze in Würfel schneiden, Schalotten hacken, beides kurz anbraten und würzen. Fein geschnittenen Kerbel dazugeben und kaltstellen. Die Pouletbrust mit dem Rahm zu einer feinen Farce verarbeiten. Steinpilze daruntermischen und abschmecken. Klarsichtfolie auslegen und mit etwas Öl bepinseln. Perlhuhnbrüstchen würzen und flach auf die Folie legen. Mit der Steinpilzfüllung bestreichen und eine weitere Perlhuhnbrust darüberlegen. Das Fleisch fest in die Klarsichtfolie einrollen und während einer Stunde kaltstellen. Danach Folie entfernen. Perlhuhnbrüstchen fest in das Schweinsnetz einpacken. Die Päckchen von allen Seiten kurz anbraten und im Ofen bei 200 Grad während ca. 25 bis 30 Minuten braten.

Madeirasauce
Schalotte in Streifen schneiden und mit dem Madeira auf die Hälfte reduzieren. Durch ein feines Sieb giessen und mit der braunen Sauce auffüllen. Zum Schluss den Sommertrüffel untermixen. Vier dünne Scheiben als Garnitur zurückbehalten.

Blaue Kartoffelchips
Kartoffeln schälen, hauchdünn schneiden. Anschliessend frittieren und würzen.

Romanesco
Romanesco im gesalzenen Wasser bissfest kochen und in Eiswasser abschrecken. Die gehackten Nüsse in Butter rösten und darin den Romanesco schwenken.

MILLE FEUILLE AUS SCHOKOLADE
MIT APRIKOSEN- UND HIMBEERCREME
AN PISTAZIENSAUCE

ZUTATEN

Aprikosencreme

150 g	Aprikosen
etwas	Zitronensaft und Zucker
1 Blatt	Gelatine
20 g	Naturjoghurt
25 g	Zucker
80 g	Geschlagener Rahm

Himbeercreme

150 g	Himbeeren
etwas	Zitronensaft und Zucker
1 Blatt	Gelatine
20 g	Naturjoghurt
25 g	Zucker
80 g	Geschlagener Rahm

Pistaziensauce

50 g	Pistazienkerne, gehackt
10 g	Zucker
1 dl	Milch
1	Eigelb
etwas	Flüssiger Rahm

Schokoladetäfelchen

24	Hauchdünne Schokoladetäfelchen, je nach Geschmack Zartbitter oder Vollmilch (im Handel erhältlich)

Beeren oder Früchte zum Garnieren

Zubereitung Aprikosencreme

Die Aprikosen mit etwas Wasser aufkochen und pürieren, anschliessend durch ein feines Sieb passieren. Mit etwas Zitronensaft und Zucker abschmecken. Die eingeweichte Gelatine im noch warmen Fruchtpüree auflösen. Die Masse kalt, jedoch nicht fest werden lassen. Den Joghurt, Zucker und den geschlagenen Rahm beigeben und die fertige Creme wieder in den Kühlschrank stellen.

Himbeercreme

Zur Herstellung der Himbeercreme verfahren Sie gleich.

Pistaziensauce

Die gehackten Pistazienkerne mit etwas Zucker in einem Cutter zu einer feinen marzipanähnlichen Masse verarbeiten.
Milch aufkochen, das Eigelb und den Zucker vorsichtig in die Milch einrühren. Unter ständigem Rühren im Wasserbad erhitzen, bis die Sauce bindet. Pistazienmasse dazugeben, anschliessend die fertige Sauce durch ein Sieb giessen und kalt stellen. Sollte die Sauce zu dick sein, mit etwas flüssigem Rahm strecken.

Schokolade-Mille feuille

Aprikosencreme in einen Dressiersack mit Sterntülle füllen und diese auf 8 Schokoladetäfelchen ca. 1cm dick aufspritzen. Die Himbeercreme ebenfalls auf 8 Täfelchen aufspritzen. Je ein mit Aprikosencreme und ein mit Himbeercreme bestrichenes Täfelchen aufeinanderlegen und mit einem weiteren Täfelchen abschliessen. Mit Puderzucker/Kakaopulver bestäuben. Jeweils zwei Türmchen mit Pistaziensauce auf einem Teller anrichten und mit Beeren oder Früchten garnieren.

MILLEFEUILLE EN CHOCOLAT FOURRÉ DE CRÈME À L'ABRICOT ET À LA FRAMBOISE AVEC SA SAUCE PISTACHE

INGRÉDIENTS

Crème à l'abricot

150 g	d'abricots
	un peu de jus de citron et de sucre
1 feuille	de gélatine
20 g	de yogourt nature
25 g	de sucre
80 g	de crème fouettée

Crème à la framboise

150 g	de framboises
	un peu de jus de citron et de sucre
1 feuille	de gélatine
20 g	de yogourt nature
25 g	de sucre
80 g	de crème fouettée

Sauce pistache

50 g	de pistaches concassées
10 g	de sucre
1 dl	de lait
1	jaune d'œuf
	un peu de crème liquide

Feuilles en chocolat

24	feuilles ultrafines en chocolat noir ou au lait selon les goûts (disponibles en magasin)

Baies ou fruits pour la décoration

Préparation crème à l'abricot

Cuire les abricots dans un peu d'eau, réduire en purée, puis passer à la passoire fine. Ajouter du jus de citron et du sucre, selon les goûts. Faire fondre la feuille de gélatine ramollie dans la purée d'abricot encore chaude. Laisser refroidir l'appareil, sans toutefois le laisser durcir. Ajouter le yogourt, le sucre et la crème fouettée. Réserver cette préparation au réfrigérateur.

Crème à la framboise

Procéder de la même manière pour la crème à la framboise.

Sauce pistache

Travailler les graines de pistache finement concassées avec un peu de sucre dans une jatte, de manière à former une masse de consistance similaire au massepain. Porter le lait à ébullition, ajouter délicatement le jaune d'œuf et le sucre. Remuer sans cesse et chauffer au bain-marie jusqu'à ce que la sauce prenne. Incorporer l'appareil à la pistache et, pour terminer, passer la sauce à la passoire et mettre au frais. Si la sauce est trop épaisse, la rallonger avec un peu de crème liquide.

Millefeuille en chocolat

Verser la crème à l'abricot dans un sac à douille muni d'un bec en forme d'étoile et répartir environ 1 cm de crème sur 8 feuilles en chocolat. Faire de même avec la crème à la framboise. Placer les feuilles garnies de crème les unes sur les autres en alternant les parfums, terminer par une feuille en chocolat, saupoudrer de sucre glace ou de cacao. Dresser deux millefeuilles par assiette, garnir de sauce pistache et de baies ou de fruits.

CHOCOLATE MILLE FEUILLE OF APRICOT AND RASBERRY CREAM IN PISTACHIO SAUCE

INGREDIENTS

Apricot Cream

150 g	apricots
	Small amount of lemon juice and sugar
1	gelatine leaf
20 g	plain yoghurt
25 g	sugar
80 g	whipped cream

Raspberry Cream

150 g	raspberries
	Small amount of lemon juice and sugar
1	gelatine leaf
20 g	plain yoghurt
25 g	sugar
80 g	whipped cream

Pistachio Sauce

50 g	chopped pistachio nuts
10 g	sugar
1 dl	milk
1	egg yolk
	Small amount of cream

Mille Feuille

24	chocolate wafers
	Dark or milk chocolate according to taste, available in stores

Berries or fruit for the garnish

Preparation Apricot Cream

Boil the apricots with a small amount of water. Purée and pass through a fine sieve. Flavour with lemon juice and sugar. Dissolve the softened gelatine in the warm fruit purée. Allow the mixture to cool without becoming firm. Stir in the yogurt, sugar and whipped cream, and chill in the refrigerator.

Raspberry Cream

For the raspberry cream, follow the same procedure as above.

Pistachio Sauce

Blend the chopped pistachios in a food processor with a small amount of sugar until a marzipan like mass is formed. Bring the milk to a boil and carefully stir in the egg yolk and sugar. Heat the mixture over a water bath, stirring constantly until the sauce is bound. Add the pistachio mixture. Pass the finished sauce through a sieve and refrigerate. If the sauce is too thick, dilute with some cream.

Chocolate Mille Feuille

Fill a pasty sack with the apricot cream. Using a star-shaped tip, squeeze out the apricot cream approximately 1 cm thick over 8 chocolate wafers. Squeeze out the raspberry cream also over 8 wafers. Place one apricot-covered wafer over 1 raspberry-covered wafer and cover with a third wafer. Dust with powder sugar/coca powder. Arrange two wafer towers on a plate with pistachio sauce and garnish with berries or fruit.

Hotel Walliser-Kanne Fiesch

Romy und Friedrich Zemanek, Direktion und Chef de cuisine

Walliser-Kanne Fiesch

«Notre quotidien est fait de travail. Mais après le travail n'avons-nous pas encore toute une soirée dont disposer à notre gré, par exemple, en s'offrant un repas gourmand dans un cadre unique. Pour notre cuisine, nous utilisons exclusivement des produits de la région ou que nous cultivons nous-mêmes. Dans la mesure du possible, nous privilégions la viande locale telle le bœuf de Conches provenant d'un bétail qui paît dans des prairies d'herbe grasse et riche. Notre ambition est de faire découvrir une cuisine naturelle à notre clientèle, de lui faire sentir le parfum enivrant du thym, de la sauge ou du safran, de lui faire savourer nos mets raffinés, car tous les plats qui sortent de notre cuisine savent enchanter même les plus fins palais!» Friedrich Zemanek

Etant membres du Cercle Chefs de cuisine de Zermatt par amitié et sympathie, nous avons l'honneur de figurer dans le présent ouvrage sur la gastronomie zermattoise.

Walliser-Kanne Fiesch

«Alltag bedeutet Arbeit. Er bedeutet aber auch Feierabend – einen Abend zum Feiern – gutes Essen und sich in einmaligem Ambiente verwöhnen zu lassen. Die Zutaten für unsere Naturküche wachsen in der Region, beinahe vor unserer Haustür und wir brauchen einen Teil davon nur zu ernten. Wir achten darauf, einheimisches Fleisch zu verwenden. Zum Beispiel von Rindern, welche im Goms gezüchtet und aufgezogen werden und sich auf saftigen Wiesen von wertvollen Kräutern ernähren. Ihnen die Vielfalt unserer Naturküche nahe zu bringen, liegt uns am Herzen. Riechen Sie den betörenden Duft von Thymian, Salbei oder Safran. Spüren Sie die Köstlichkeiten in Ihrem Gaumen. Denn: Ein Menu aus unserer Naturküche verzaubert alle Geniesser!» Friedrich Zemanek

Übrigens: Wir sind aus Freundschaft und Sympathie Mitglied beim Cercle chefs de cuisine de Zermatt. Deshalb freuen wir uns, in diesem Buch über die Zermatter Gastronomie dabei zu sein.

Walliser-Kanne Fiesch

«Everyday life means work, which also means the end of the workday. The daytime is for work and the evening is for celebrating, a chance to spoil oneself with a good meal in a unique ambience. The ingredients for our natural cuisine are grown in the region, almost in front of our door, just waiting for us to harvest them. We strive to use only local meat. Such as that from the cattle, born and bred in the Goms and nourished by the nutritious herbs that grow on its fertile meadows. We would like to acquaint you with the variety of our natural cuisine. Smell the beguiling scent of thyme, sage or saffron, feel these delicacies on your palate. A menu from our natural kitchen is sure to enchant all bon vivants!» Friedrich Zemanek

And also, we became members of the Cercle Chefs de Cuisine de Zermatt as a result of friendship and like-mindedness. We are therefore very pleased to be included in this book about Zermatt gastronomy.

Vorspeise der Vergangenheit

NACH AYURVEDA ZUBEREITETER UND GEROLLTER BACHSAIBLINGPFANNKUCHEN

ZUTATEN

4	Gomser Bachsaiblingfilets
4	Gomser Trockenfleisch-scheiben
4 Blätter	Wilder Spinat (Heinrich)
80 g	Wurzelgemüse in Scheiben wie z.B. Karotten, Sellerie usw.
	Salz, Pfeffer
4	Pfannkuchen
120 g	Mie de pain
80 g	Mandeln, gehackt
10 g	Sesam
10 g	Kreuzkümmel
40 g	Mehl zum Mehlieren
3	Verquirlte Landeier
150 g	Geklärte Butter zum Braten oder Butterschmalz
4 Bund	Wiesengrünsalate
1 dl	Kokosnussmilch
4–6	Munder Safranfäden

Zubereitung

Pfannkuchen ausbreiten und mit platierten Filets belegen, Butterschmalz erhitzen, Sesam und Kreuzkümmel zugeben, knacken lassen und erst dann mit Gemüse und Heinrich zusammen anschwenken, würzen, leicht erkalten lassen und mit Trockenfleisch auf die Fischfilets auftragen. Zusammenrollen, panieren in Mehl, Ei, Mie de pain und gehackten Mandeln. Goldbraun ausbacken. Mit Salaten und safraniertem Kokosnussmilchschaum vollenden.

L'entrée d'hier

OMBLE DE FONTAINE DANS SA CRÊPE FAÇON AYURVEDA

INGRÉDIENTS

4	filets d'omble de fontaine de Conches
4	tranches de viande séchée de Conches
4	feuilles d'épinard sauvage
80 g	de tubercules en rondelles tels carottes ou céleris
	sel et poivre
4	crêpes
120 g	de mie de pain
80 g	d'amandes
10 g	de sésame
10 g	de cumin
40 g	de farine
3	œufs fermiers battus
150 g	de beurre à rôtir ou fondu
4	bouquets de salade verte
1 dl	de lait de coco
4 à 6	stigmates de Munder Safran

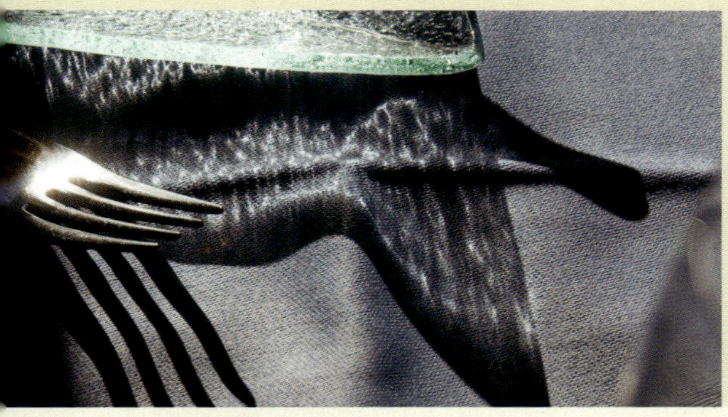

Préparation

Etaler les crêpes et y déposer les filets de poisson aplatis. Chauffer le beurre à rôtir ou fondu, ajouter le sésame et le cumin, les laisser pétiller un instant, puis ajouter les légumes et les épinards, sauter et assaisonner. Laisser refroidir légèrement et verser sur les filets de poisson avec la viande séchée. Rouler les crêpes, les passer dans la farine, l'œuf, la mie de pain et les amandes, puis faire dorer au four.

Starter from the Past

ROLLED BROOK TROUT CREPES PREPARED ACCORDING TO AYURVEDA

INGREDIENTS

4	brook trout from Goms
4	slices of dried meat from Goms
4	leaves wild spinach (Heinrich)
80 g	root vegetables in slices ie. carrots, celery etc.
	Salt and pepper
4	crepes
120 g	fresh breadcrumbs
80 g	almonds
10 g	sesame seeds
10 g	cumin
40 g	flour for dusting
3	beaten fresh country eggs
150 g	clarified butter, liquid or resolidified, for frying
4	bunches field greens
1 dl	coconut milk
4–6	strands Munder saffron

Preparation

Spread out the crepes and cover with the flattened fish fillets. Heat the clarified butter, add the sesame seeds and cumin and roast slightly. Add the vegetables and Heinrich and lightly fry. Season and cool. Spread the dried meat over the fish fillets. Roll up the crepe, coat in flour, the beaten eggs and then the breadcrumbs and fry until golden brown. Bake the almonds until golden brown. Complete with the field greens and saffron-flavoured coconut milk.

Hauptgang der Gegenwart

ZWEIERLEI VOM BIORIND MIT GENFREIEM GEMÜSE UND SUBVENTIONIERTEN BERGKARTOFFELKLÖSSEN AUS DER DOSE

ZUTATEN

4	Rindsentrecôtescheiben à 40 g
50 g	Rindsragout (von Metzgerei oder aus dem Laden)
120 g	Kalbsfarce
	Gewürz
180 g	Genfreies Gemüse (je nach Saison)
200 g	Bergpellkartoffeln
90 g	Instantmehl
20 g	Griess
1 El	Kräuter
2	Landeier
25 g	Fettstoff zum Anbraten

Zubereitung

Zwischen zwei gewürzten Fleischscheiben Farce füllen, schonend anbraten und ruhen lassen. Rindsragout erwärmen, nach belieben abschmecken, Gemüse dämpfen. Gestampfte Kartoffeln mit übrigen Zutaten vermengen, formen und im Wasser köcheln. Alles fantasievoll nach Lust und Laune der Zeit angepasst. Das Ganze einfach in der erwärmten Dose servieren.

Hotel Walliser-Kanne Fiesch

Le plat principal d'aujourd'hui

DUO DE BŒUF BIO AVEC LÉGUMES GÉNÉTIQUEMENT NON MODIFIÉS ET POMMES DE TERRE DES MONTAGNES SUBVENTIONNÉES SERVIES EN BOÎTE

INGRÉDIENTS

4	entrecôtes coupées en tranches de 40 g
50 g	de ragoût de bœuf
120 g	de farce de veau
	épices
180 g	de légumes de saison génétiquement non modifiés
200 g	de pommes de terre des montagnes en robe des champs
90 g	de farine
20 g	de semoule
1 c.s.	d'herbes aromatiques
2	œufs fermiers
25 g	de corps gras

Préparation

Assaisonner les petites tranches de viande. En prendre deux, les recouvrir de farce, puis les refermer en sandwich avant de les saisir délicatement. Laisser reposer. Chauffer le ragoût de veau et assaisonner selon les goûts. Etuver les légumes. Mélanger les pommes de terre réduites en purée avec les autres ingrédients, façonner, puis faire mijoter dans l'eau. Réaliser cette recette selon la créativité du moment et le temps à disposition. Servir le tout dans des boîtes de conserves chaudes.

Main course of the present

CANNED DUO OF ORGANIC BEEF WITH NON-GENETICALLY ENGINEERED VEGETABLES AND GOVERNMENT SUBSIDISED MOUNTAIN POTATOES

INGREDIENTS

4	slices of entrecote from organic beef of 40 g each
50 g	organic beef ragout (from the butcher or the store)
120 g	veal farce
	Seasonings
180 g	non-genetically engineered vegetables (according to season)
200 g	jacket mountain potatoes
90 g	instant flour
20 g	semolina
1 tbsp	herbs
2	fresh country eggs
25 g	fat for frying

Preparation

Spread the farce between two seasoned meat slices. Gently brown and leave to rest. Heat the beef ragout and season according to taste. Steam the vegetables. Mash the potatoes and combine with the remaining ingredients, shape and boil. Prepare everything with imagination and according to how you feel and simply serve the whole thing in warmed cans.

Dessert der Zukunft

HONIG-HANF-TABLETTE MIT MASCARPONE-STICKSTOFFEIS

ZUTATEN

4 El	Honig
80 g	Geröstete Hanfkerne
120 g	Gedörrte Früchte (kleingehackt)
250 g	Mascarpone
2	Landeier
250 g	Schlagrahm
50 g	Zucker
2 cl	Génépilikör
	Schwarze Edelraute
1 l	Stickstoff

Zubereitung
Honig, Hanf und Früchte gut vermengen und in Form einer Tablette pressen. Génépilikör, Zucker und Eier warm, kalt aufschlagen mit Mascarpone verrühren, fertige Masse direkt in Stickstoff spritzen und kurz frieren lassen (wichtig, dass der Kern noch geschmeidig bleibt) herausnehmen und anrichten.

Janoschs Ampel
Grün: Blue Curaçao und Orangensaft.
Gelb: Orangensaft.
Rot: Wodka und Traubensaft.

Le dessert de demain

GLACE AZOTÉE AU MASCARPONE SUR COMPRIMÉ AU CHANVRE ET AU MIEL

INGRÉDIENTS

4 c.s.	de miel
80 g	de graines de chanvre grillées
120 g	de fruits séchés (finement hachés)
250 g	de mascarpone
2	œufs fermiers
250 g	de crème fouettée
50 g	de sucre
2 cl	de liqueur de génépi génépi noir
1 l	d'azote

Préparation

Bien mélanger le miel, les graines de chanvre et les fruits, puis aplatir le tout jusqu'à obtention d'un petit comprimé. Battre la liqueur de génépi, le sucre, les œufs et le mascarpone au bain-marie d'abord chaud, puis froid. Injecter l'appareil directement dans l'azote et placer un instant au congélateur (il est important que le cœur reste tendre), sortir du congélateur et servir.

Feu de Janosch

Vert: blue curaçao et jus d'orange.
Jaune: jus d'orange.
Rouge: vodka et jus de raisin.

Dessert of the future

HONEY-HEMP TABLET WITH MASCARPONE-LIQUID NITROGEN ICE CREAM

INGREDIENTS

80 g	roasted hemp seeds
120 g	finely chopped dried fruit
250 g	mascarpone
2	fresh country eggs
250 g	whipping cream
50 g	sugar
2 dl	Génépi liqueur Black wormwood
1 l	liquid nitrogen
4 tbsp	honey

Preparation

Mix the honey, hemp and fruit together and flatten into the shape of a tablet. Beat the Génépi liqueur, sugar and eggs warm then cold. Stir in the mascarpone and squeeze portions directly into the liquid nitrogen to freeze (it is important that the centres of the portions remain creamy). Remove and serve.

Janosch's Traffic Light

Green: Blue Curacao and orange juice.
Yellow: Orange juice.
Red: Vodka and grape juice.

Grand Hotel
Zermatterhof

Christiane und Rafael Biner, Direktion

Alexander Kroll, Chef de cuisine

Grand Hotel Zermatterhof
«Die Philosophie meiner Küche ist der kreative, sorgfältige Umgang mit allen Produkten. Ganz nach dem Motto ‹immer etwas Anderes› und ‹weniger ist mehr›. Wichtig ist es für mich, wann immer möglich auch regionale Produkte einzubeziehen, um dem Gast unsere regionalen Spezialitäten nahe zu bringen.» Alexander Kroll

Grand Hotel Zermatterhof
«La philosophie de ma cuisine se résume à une préparation soignée et créative de tous les produits. Mes devises sont ‹place à la variété› et ‹la qualité réside dans la simplicité›. A mes yeux, il est important d'utiliser, autant que possible, les produits locaux pour faire découvrir des spécialités régionales à nos hôtes.» Alexander Kroll

Grand Hotel Zermatterhof
«In our kitchen, food is handled with care and creativity. We strive for a distinctive menu, and endeavour to turn simple dishes into masterpieces. It is important for me to use local produce wherever possible when preparing regional specialities for our guests.» Alexander Kroll

FILET DE TRUITE DU PAYS DANS SON *DAMIER DE PÂTES* AVEC *HOMARD DE ROCHE GRILLÉ* À LA MOUSSE DE CITRONNELLE ET TOMATE

INGRÉDIENTS

2	*filets de truite*
2	*homards de roche*
2 branches	*de citronnelle*
1 branche	*de thym*
1	*gousse d'ail*
100 g	*de pâtes larges à l'encre de sèche fraîchement cuites*
100 g	*de pâtes larges blanches fraîchement cuites*
120 g	*de farce de truite persillée*
	sel et poivre blanc
	huile d'olive

Sauce

6	*tomates charnues*
20 g	*de basilic frais*
40 ml	*de crème entière*
1 dl	*de bouillon de légumes*
	sel et poivre blanc, muscade
	quelques gouttes de citron
¼	*de branche de citronnelle*
2	*échalotes en dés*

Préparation

Cuire les pâtes noires et blanches al dente. Les rincer sous l'eau froide, puis les faire mariner dans de l'huile d'olive. Tisser les pâtes en formant un damier, le recouvrir d'une fine couche de farce au poisson persillée. Assaisonner les filets de truite (sans la peau) de sel et de poivre, puis les poser délicatement sur la farce. Rouler le damier de pâte assez serré, l'emballer dans un film cellophane et cuire à la vapeur à 85° pendant environ 9 minutes. Couper la roulade de truite en 4 morceaux de grandeur égale. Couper les homards en deux, les rincer, saler et poivrer. Les fariner légèrement, puis les faire revenir dans une poêle dans l'huile d'olive. Emincer et incorporer la citronnelle. Tout à la fin, ajouter un petit flocon de beurre pour le goût. Couper grossièrement les tomates charnues en petits morceaux et les faire revenir dans une petite casserole avec le basilic, la citronnelle finement émincée et l'échalote en dés. Après 5 minutes, mouiller avec le fond de légumes. Assaisonner de sel, de poivre et d'une pincée de muscade. Pour terminer, ajouter la crème entière et réduire le tout en purée au mixeur, puis passer à la passoire fine. Arroser de quelques gouttes de citron pour conférer au plat une note particulièrement fraîche.

Conseil

Couper la roulade encore emballée dans la cellophane. Ne la retirer qu'une fois l'opération terminée pour que la roulade ne se déforme pas.

FILLET OF LOCAL TROUT IN A WOVEN NOODLE LEAF WITH *GRILLED ROCK LOBSTER* AND LEMONGRASS-TOMATO FOAM

INGREDIENTS

2	*trout fillets*
2	*rock lobsters*
2 stalks	*lemongrass*
1 sprig	*of thyme*
1	*garlic clove*
100 g	*freshly cooked sepia ribbon noodles*
100 g	*freshly cooked white ribbon noodles*
120 g	*trout farce with parsley*
	Salt and white pepper
	Olive oil

Sauce

6	*large tomatoes*
20 g	*fresh basil*
40 ml	*cream*
1 dl	*vegetable stock*
	Salt, white pepper, nutmeg
1	*squeeze lemon juice*
¼	*stalk lemongrass*
2	*shallots, cubed*

Preparation

Cook the black and white pasta until al dente. Rinse with cold water and marinate with olive oil. Weave the pasta into a net. Thinly spread the parsley-fish farce over the net. Skin the trout fillets, and season with salt and pepper. Place the fillets over the farce. Firmly roll the trout in the pasta net and wrap in plastic wrap. Steam for approximately 9 minutes at 85 degrees. Slice the trout roll into 4 even pieces. Halve and clean the two rock lobsters and season with salt and pepper. Lightly dust with flour and fry in olive oil. Finely slice the lemongrass and add to the pan. Add a small flake of butter to enhance the flavour. Roughly chop the tomato and gently fry in a small saucepan with the basil, the finely chopped lemongrass and the cubed shallots. Cook for 5 minutes and then cover with the vegetable stock. Season with salt, pepper and a dash of nutmeg. Add the cream. Purée the mixture and pass through a fine sieve. Use a squeeze of lemon juice to give the mixture a fresh taste.

Tip

Cut the roll while it is still wrapped in foil. This will ensure that the shape is retained when the foil is removed.

HEIMISCHES FORELLENFILET IM GEFLOCHTENEN NUDELBLATT MIT GEGRILLTEM ROCKLOBSTER AN ZITRONENGRAS-TOMATENSCHAUM

ZUTATEN

2	Forellenfilets
2	Rocklobster
2 Halme	Zitronengras
1 Zweig	Thymian
1	Knoblauchzehe
100 g	Frisch gekochte Sepia-Bandnudeln
100 g	Frisch gekochte weisse Bandnudeln
120 g	Forellenfarce mit Petersilie
	Salz und weisser Pfeffer
	Olivenöl
Sauce	
6	Fleischtomaten
20 g	Frischer Basilikum
40 ml	Vollrahm
1 dl	Gemüsebrühe
	Salz und weisser Pfeffer, Muskat
1 Spritzer	Zitrone
¼ Stange	Zitronengras
2	Schalotten (in Würfeln)

Zubereitung

Schwarze und weisse Nudeln al dente kochen. Diese kalt abspülen und mit Olivenöl marinieren. Die Nudeln zu einem Netz flechten. Dieses dünn mit der Petersilien-Fischfarce bestreichen. Die Forellenfilets (ohne Haut) mit Salz und Pfeffer würzen und auf die Farce legen. Das Netz zu einer Roulade fest zusammenrollen. Jetzt die ganze Rolle in Klarsichtfolie einwickeln und bei 85 Grad im Dampf ca. 9 Minuten garen. Forellenroulade in 4 gleich grosse Stücke schneiden. Die beiden Rocklobster halbieren, auswaschen und mit Salz und Pfeffer würzen. Nun leicht mehlieren und in Olivenöl braten. Zitronengras klein schneiden und mit in die Pfanne geben. Ganz zum Schluss eine kleine Butterflocke für den Geschmack hinzugeben. Die Fleischtomaten grob kleinschneiden und mit dem Basilikum, dem klein geschnittenen Zitronengras und den Schalottenwürfeln in einem kleinen Topf anschwitzen, nach 5 Minuten mit dem Gemüsefond aufgiessen. Mit Salz, Pfeffer und einem Strich Muskat abschmecken. Zum Schluss den Vollrahm hinzugeben und das Ganze mit dem Mixstab pürieren und durch ein Haarsieb passieren. Mit einem Spritzer Zitrone dem Ganzen eine besondere Frische geben.

Tipp

Die Roulade in der Folie schneiden und diese erst danach abziehen, so bleibt alles schön in Form.

KARTOFFELKROKETTE VON KALBSFILET UND TRÜFFEL AN COGNACJUS MIT GEBRATENEN STEINPILZEN UND MINILAUCH

ZUTATEN

400 g	Pariertes Kalbsfilet
500 g	Grosse, geschälte Kartoffeln
4	Grosse Steinpilze, frisch
10 g	Frischer Trüffel
8	Minilauch
1 dl	Kalbsjus (reduziert)
5 cl	Cognac
	Muskat
4	Eier
	Butter
	Olivenöl
1 Zweig	Rosmarin
1 Zweig	Thymian
	Salz und Pfeffer

Zubereitung

Kartoffeln fein reiben, mit Salz, Pfeffer und Muskat würzen. 4 Eigelb und den fein gehackten Trüffel dazu geben. Diese Masse in der Pfanne von einer Seite goldgelb anbraten. Die halbfertige Rösti mit der ungebratenen Seite nach oben auf eine gebutterte Alufolie legen und auskühlen lassen. Kalbsfilet in Olivenöl anbraten und mit Salz und Pfeffer würzen. Aus der Pfanne nehmen und auskühlen lassen. Den Minilauch im kochenden Salzwasser weich kochen und im Eiswasser abschrecken, damit er schön grün bleibt. Die Steinpilze mit einem feuchten Tuch und einem kleinen Messer putzen und in Scheiben schneiden. Das ausgekühlte Kalbsfilet auf die Rösti legen und mit der Folie eine feste Rolle machen. Diese an den Enden verknoten. Die Rolle bei 160 Grad im Umluftofen auf 48 Grad Kerntemperatur garen. Die Steinpilze in Olivenöl mit dem Rosmarin und Thymian braten. Den Minilauch in Butter anschwenken. Den Kalbsjus mit dem Cognac verfeinern und noch einmal abschmecken. Das fertige Kalbsfilet in 4 gleich grosse Stücke schneiden und in der Mitte des Tellers anrichten. Die gebratenen Steinpilze um das Kalbsfilet legen. Den Minilauch an das Kalbsfilet anlegen. Zum Schluss die Cognacjus über die Steinpilze – nicht über das Kalbsfilet – geben.

FILET DE VEAU ET TRUFFE AU JUS DE COGNAC EN HABIT DE CROQUETTE DE POMMES DE TERRE AVEC CÈPES GRILLÉS ET MINI POIREAU

INGRÉDIENTS

400 g	de filet de veau paré
500 g	de grandes pommes de terre pelées
4	gros cèpes frais
10 g	de truffe fraîche
8	mini poireaux
1 dl	de jus de veau (réduit)
5 cl	de cognac
	muscade
4	œufs
	beurre
	huile d'olive
1 branche	de romarin
1 branche	de thym
	sel et poivre

Préparation

Râper finement les pommes de terre, assaisonner de sel, de poivre et de muscade. Ajouter 4 jaunes d'œufs et la truffe finement hachée. Faire rissoler cette pâte dans une poêle d'un seul côté jusqu'à ce qu'elle soit bien dorée. Poser la galette, face crue vers le haut, sur une feuille d'aluminium beurrée et laisser refroidir. Saisir le filet de veau dans l'huile d'olive, saler et poivrer. Sortir de la poêle et laisser refroidir. Cuire le mini poireau dans l'eau salée, puis le passer sous l'eau froide pour qu'il garde sa belle couleur verte. Nettoyer les cèpes avec un chiffon humide et un petit couteau, les couper en tranches. Placer le filet de veau refroidi sur la galette et rouler fermement dans la feuille d'aluminium. Bien resserrer les extrémités. Cuire le rouleau dans un four à air pulsé à 160° jusqu'à une température au cœur de 48°. Faire revenir les cèpes dans l'huile d'olive avec le thym et le romarin. Passer le mini poireau au beurre. Affiner le jus de veau au cognac et rectifier l'assaisonnement. Couper le filet en 4 parts égales, puis le placer au centre de l'assiette. Dresser les cèpes poêlés et le mini poireau tout autour du filet. Pour terminer, verser le jus de cognac sur les cèpes, mais non sur le filet.

POTATO CROQUETTE OF VEAL FILET AND TRUFFLE IN COGNAC-JUS WITH FRIED BOLETUS MUSHROOMS AND MINI LEEKS

INGREDIENTS

400 g	trimmed veal filet
500 g	large potatoes, peeled
4	large, fresh boletus mushrooms
10 g	fresh truffle
8	mini leeks
1 dl	veal jus, reduced
5 cl	cognac
	Salt, pepper and nutmeg
4	eggs
	Butter
	Olive oil
1 sprig	rosemary
1 sprig	thyme

Preparation

Finely grate the potatoes and season with salt, pepper and nutmeg. Add 4 egg yolks and the finely chopped truffle. Place the mixture in a pan and fry until one side is golden brown. Lay the half-finished rösti on buttered aluminium foil with the uncooked side facing up and allow to cool. Brown the veal filet in olive oil and season with salt and pepper. Remove from the pan and allow to cool. Cook the mini leeks in salted water until soft, and plunge into iced water to retain their colour. Clean the boletus mushrooms with a damp cloth and small knife and cut into slices. Place the cooled veal filet on the rösti and firmly roll in the aluminium foil. Tie the roll into a knot at both ends. Bake the roll in a convection oven at 160 degrees until the meat has reached a core temperature of 48 degrees. Fry the boletus mushrooms in olive oil with the rosemary and thyme. Coat the mini leeks in melted butter. Refine the veal jus with the cognac and season to taste. Cut the finished veal into four slices and place in the middle of the plate. Arrange the cooked mushrooms around the meat. Place the mini leeks against the veal. Finish by pouring the cognac-jus over the mushrooms, taking care that none goes over the veal.

SORBET POMME-BASILIC DANS SA COUPE DE SUCRE SOUFFLÉ RELEVÉ DE VINAIGRE BALSAMIQUE DE 50 ANS D'ÂGE

INGRÉDIENTS

Glace

5 dl	d'eau
50 g	de glucose
180 g	de sucre
15 g	de basilic frais, finement haché
20 ml	de liqueur aux œufs
15 g	de pommes Granny Smith (brunoise)
	vinaigre balsamique de 50 ans d'âge
700 g	d'isomalt

Conseil

La glace réussit à merveille dans le Pacojet.

Préparation glace

Porter à ébullition l'eau additionnée du glucose et du sucre. Ajouter le basilic finement haché et laisser infuser 1 heure. Verser la liqueur aux œufs et transvaser le tout dans la sorbetière. Incorporer la brunoise de pommes à la glace terminée.

Pomme en sucre soufflé

Porter l'isomalt à ébullition, retirer aussitôt du feu et laisser refroidir jusqu'à obtention d'une consistance soyeuse et brillante. A l'aide d'une pompe, souffler dans la pâte en lui donnant la forme d'une pomme. Dresser la glace dans la pomme en sucre soufflé et arroser la glace d'un filet de vinaigre balsamique.

BASIL-APPLE SORBET IN A CANDY SHELL WITH 50 YEAR OLD BALSAMIC VINEGAR

INGREDIENTS

Sorbet

5 dl	water
50 g	glucose
180 g	sugar
15 g	finely chopped fresh basil
20 ml	egg liqueur
15 g	finely cubed Granny Smith apple
	50 year old balsamic vinegar
700 g	Isomalt

Tip

It is best to make the sorbet in a Pacojet ice cream-maker.

Preparation Sorbet

Boil the glucose and sugar in the water. Add the finely chopped basil and steep for 1 hour. Pour in the egg liqueur and freeze in the Pacojet. Mix the cubed apple into the finished sorbet.

Sugar Apple

Bring the Isomalt to a boil and allow to cool. Stir until shiny. Using a pump, inflate the toffee into the form of an apple. Place a scoop of the sorbet in the sugar apple. Pour over the balsamic vinegar just before serving.

BASILIKUM-APFELSORBET
IN GEBLASENEM ZUCKER MIT
50-JÄHRIGEM BALSAMICO

ZUTATEN

5 dl	Wasser
50 g	Glukose
180 g	Zucker
15 g	Frischer Basilikum, fein gehackt
20 ml	Eierlikör
15 g	Granny Smith Apfel (Brunoise)
	50 Jahre alter Balsamico Essig
700 g	Isomalt

Tipp
Im Pacojet gelingt das Eis am Besten.

Zubereitung Clace
Das Wasser mit der Glukose und dem Zucker aufkochen. Den feingehackten Basilikum dazugeben und 1 Stunde ziehen lassen. Dann den Eierlikör beigeben und in der Eismaschine gefrieren lassen. Die Apfelwürfel unter das fertige Eis heben.

Geblasener Zuckerapfel
Isomalt einmal aufkochen, abkühlen lassen und bis zum Seidenglanz ziehen. Danach mit einer Pumpe aufblasen und in die Form eines Apfels bringen. Das Eis ausstechen und in den geblasenen Zuckerapfel geben und zuletzt den Balsamico über das Eis geben.

Adressverzeichnis
Liste d'adresses
Address List

Mitglieder/membres/members
Cercle Chefs de cuisine Zermatt

Hotel Alex
Telefon 027 966 70 70, Telefax 027 966 70 90
www.hotelalexzermatt.com
E-Mail info@hotelalexzermatt.com

Hotel Alpenblick
Telefon 027 966 26 00, Telefax 027 966 26 05
www.reconline.ch/alpenblick
E-Mail alpenblick.zermatt@reconline.ch

Alpenhof Le Gourmet
Telefon 027 966 55 55, Telefax 027 966 55 56
www.alpenhofhotel.ch
E-Mail info@alpenhofhotel.ch

Restaurant Avena
Telefon 027 967 83 33
www.avena-zermatt.ch

Parkhotel Beau-Site
Telefon 027 966 68 68, Telefax 027 966 68 69
www.parkhotel-beausite.ch
E-Mail info@parkhotel-beausite.ch

Hotel Berghof
Telefon 027 966 69 00, Telefax 027 966 69 01
www.berghof-zermatt.ch
E-Mail info@berghof-zermatt.ch

Bäckerei Biner, 3920 Zermatt
Telefon 027 967 61 67, Telefax 027 967 52 20
www.biner.ch
E-Mail info@biner.ch

Hotel Christiania
Telefon 027 966 80 00, Telefax 027 966 80 10
www.christiania-zermatt.com
E-Mail info@christiania-zermatt.ch

Bergrestaurant Findlerhof
Telefon 027 967 25 88, Telefax 027 967 28 53
www.findlerhof.ch
E-Mail info@findlerhof.ch

Chez Heini
Telefon 027 967 16 30, Telefax 027 967 16 31
www.dandaniell.ch
E-Mail dandaniell@gmx.net

Romantik Hotel Julen
Telefon 027 966 76 00, Telefax 027 966 76 76
www.julen.com
E-Mail info@julen.com

Hotel La Ginabelle
Telefon 027 966 50 00, Telefax 027 966 50 10
www.la.ginabelle.ch
E-Mail info@la.ginabelle.ch

Hotel-Restaurant Le Mazot
Telefon 027 966 06 06, Telefax 027 966 06 07
www.lemazotzermatt.ch
E-Mail le.mazot@reconline.ch

Mont Cervin Palace, Grill Le Cervin
Telefon 027 966 88 88, Telefax 027 966 88 99
www.seilerhotels.ch
E-Mail montcervinpalace@zermatt.ch

Hotel Monte Rosa
Telefon 027 966 03 33, Telefax 027 966 03 30
www.seilerhotels.ch
E-Mail monterosa@zermatt.ch

Hotel Pollux
Telefon 027 966 40 00, Telefax 027 966 40 01
www.reconline.ch/pollux
E-Mail pollux.zermatt@reconline.ch

Hotel Post
Telefon 027 967 19 31, Telefax 027 968 19 09
www.hotelpost.ch
E-Mail info@hotelpost.ch

Riffelalp Resort 2222 m ü. M.
Telefon 027 966 05 55, Telefax 027 966 05 50
www.riffelalp.com
E-Mail reservation@riffelalp.com

Grandhotel Schönegg
Telefon 027 966 34 34, Telefax 027 966 34 35
www.schonegg.ch
E-Mail info@schonegg.ch

Hotel-Restaurant Silvana
Telefon 027 966 28 00, Telefax 027 966 28 05
www.zermatt.ch/silvana
E-Mail silvana@zermatt.ch

Restaurant Grill Room Spycher & Hotel Aristella
Telefon 027 967 20 41, Telefax 027 967 52 60
www.zermatt.ch/aristella
E-Mail aristella@zermatt.ch

Walliser-Kanne Fiesch, 3984 Fiesch
Telefon 027 970 12 40, Telefax 027 970 12 45
www.walliserkanne-fiesch.ch
E-Mail info@walliserkanne-fiesch.ch

Grand Hotel Zermatterhof
Telefon 027 966 66 00, Telefax 027 966 66 99
www.matterhorn-group.ch
E-Mail info@zermatterhof.ch

Vorwahl für die Schweiz: +41
PLZ/numéro postal/post code: 3920 Zermatt